TEST
GERMANY'S
BEST

# *Guten Appetit…*

## SPITZENKÖCHE AUS BERLIN-BRANDENBURG BITTEN ZU TISCH

mit Texten von Reinhild Zuckschwedt

Für immer mehr Menschen gehört heute die Gourmandise zu einem unentbehrlichen Baustein unserer Lebensqualität. Dabei spielt es keine Rolle, ob diese Tatsache für wirkliche oder nur vermeintliche Feinschmecker gilt, denn unbeschadet davon hat Jean Anthelme Brillat-Savarin, der Altmeister der Physiologie des Geschmackes, festgestellt, daß der Schöpfer dem Menschen geradezu die Verpflichtung auferlegt hat, zu essen, um zu leben, und daß er ihn dazu durch den Appetit einlädt und durch den Genuß belohnt. Wohl keine Region der Welt hat durch politische Umbrüche auf dem Gebiete der Gourmandise in den vergangenen 10 Jahren einen solchen Auftrieb erhalten, wie die der neuen deutschen Bundeshauptstadt Berlin mit ihrem Umfeld Brandenburg.

Es ist daher für all jene, die hier leben oder zugereist sind und als Feinschmecker den Genuß suchen, ein überaus lohnendes Unterfangen, den Spitzenkoch zu finden, der mit seiner verfeinerten regionalen und/oder internationalen Küche den richtigen Geschmack seines Gastes trifft. Demzufolge besticht der auch äußerlich prächtig gestaltete Buchband durch den ungewöhnlichen Umstand, sich dabei nicht allein von einschlägigen Auszeichnungen und Zugehörigkeiten dieses Personenkreises leiten zu lassen, sondern bei der Auswahl zusätzlich dessen allgemeine Anerkennung und dessen Zuspruch mit zu berücksichtigen. So ergeben sich breiter gefächert Spitzenkochkünste, besondere Begabungen und dazugehörige Wirkungsstätten, die die Einkehr zu einem kulinarischen Erlebnis machen. Von Interesse ist hier sicher noch der Hinweis, daß allein aus redaktionellen Gründen mit den 30 ausgewählten Wirkungsstätten nicht alle Häuser, in denen sich eine Einkehr lohnt, in diesem Textbildband Platz finden konnten.

An dieser erfreulichen Feststellung, die eine wahrlich rasante Entwicklung in Berlin und seinem Umfeld verrät, ändert sich auch dadurch nichts, daß sie noch zu oft vom Wechsel als Ausdruck einer im schnellen ökonomischen Wandel befindlichen Region begleitet wird.

Daß dieser repräsentative Textbildband die Persönlichkeiten der Kochkunst einschließlich von Leistungen des Patissiers und Sommeliers enthält, beweist diesen in dieser Region in den vergangenen Jahren vollzogenen erfolgreichen Wandel. Dem Autor ist auch zu danken, daß er die jeweilige Spitzenleistung durch ein dafür repräsentatives Kochrezept mit Abbildung erläutert und dem Leser damit die Wahl erleichtert. Dies umso mehr, als dieses Kochrezept mit besonderer Liebe ausgewählt wurde und zum „Nachmachen" einladen soll. Zudem erhält der Leser durch eine zusätzliche Abbildung des Restaurants ein Gespür für das Ambiente, das ihn beim Genießen erwartet. So ist dieser Textbildband zugleich ein moderner Wegweiser zu den besten kulinarischen Wirkungsstätten dieser Region und damit eine Visitenkarte für die gesamte Branche.

Er soll aber ebenso die oft im Verborgenen erbrachte Leistung unserer Kochkünstler, die physisch nicht immer leicht zu bewältigen ist, öffentlich machen und diesen Personenkreis motivieren. Für beide Adressaten – die Feinschmecker zu informieren und die Leistungsträger in einer wettbewerbsharten Zeit zu motivieren – wurde dieses Werk geschaffen. Möge es daher eine weite Verbreitung zum Nutzen des gemeinsamen Anliegens finden.

Berlin, Oktober 2004

Prof. Dr. med. vet. Dr. h.c. mult. Dieter Großklaus
Bailli der Bailliage Berlin-Brandenburg der
Confrèrie de la Chaine des Rotisseurs Paris.

Dieses Buch soll die Leistungen jener Kochkünstler würdigen,
die in ihrer Wirkungsstätte ganz wesentlich dazu beigetragen haben,
daß sich die Region Berlin-Brandenburg
hin zu einem Eldorado der Gourmandise bewegt.

AIGNER
Gendarmenmarkt

Restaurant Aigner
Französische Straße 25
D-10117 Berlin

Tel.: (0 30) 203 75 18 50

BOCCA DI BACCO

Ristorante/Bar/Enoteca
Bocca di Bacco
Friedrichstraße 167/168
D-10117 Berlin

Tel.: (0 30) 20 67 28 28

ALTE Meierei
RESTAURANT

Alte Meierei
– SORAT Hotel Spree-Bogen Berlin –
Alt Moabit 99
D-10559 Berlin

Tel.: (0 30) 399 20-0

FACIL

Facil
– Hotel Madison –
Potsdamer Straße 3
D-10785 Berlin

Tel.: (0 30) 590 05-00 00

Atelier
Restaurant

Separee im Restaurant Atelier
– MARITIM proArte Hotel –
Friedrichstraße 151
D-10117 Berlin

Tel.: (0 30) 20 33-5

first floor

First Floor
– Hotel Palace Berlin –
Budapester Straße 45
D-10787 Berlin

Tel.: (0 30) 25 02-0

# HERBERT BELTLE

verfolgt zwei Ziele. Das eine: Wiener Esskultur in Berlin zu verankern, quasi eine Mélange Wien – Berlin herzustellen; und das zweite: als frischgebackener Winzer mit pfälzischem Weinberg in absehbarer Zeit einen Spitzenwein hervorzubringen, der Furore macht. Mit dem „Kallstädter Saumagen" hat er den Anfang gemacht.

Als Koch ist der Chef des „Aigner" am Gendarmenmarkt bereits Spitze. Er war mit fünf anderen Kollegen der erste, der 1997 mit dem Titel „Berliner Meisterkoch" geehrt wurde, und er ist einer der Lieblingsköche von Bundeskanzler Gerhard Schröder. Ein bisschen hat er das der eigenen Verwandtschaft zu verdanken. Die Eltern – Gastwirte und Metzger mit Viehhandlung im bayrischen Neusäß – gaben schon mal die Richtung vor. Der eine Onkel, Chef im Kurhotel von Oberstdorf, sorgte für die klassische Ausbildung und schickte den fertigen Gesellen dann nach London, zur Horizonterweiterung. Ein anderer Onkel investierte bares Geld in den vielversprechenden Neffen: Erst für die Heidelberger Hotelfachschule und den Meistertitel, dann das Startkapital für den Einstieg ins „Alte Zollhaus" in Berlin-Kreuzberg.

Da war Herbert Beltle, nach Wanderjahren in München, Genf und Cannes, bereits Chef-Saucier und Sous-Chef im Berliner Kempinski. Aber er musste noch dreimal weggehen und dreimal wiederkommen, bevor er endgültig an der Spree vor Anker ging.

Als der unternehmende Meisterkoch 1999 in der Charlottenstraße das „Aigner" eröffnete, übernahm er damit nicht nur den Namen des alten Wiener Caféhauses, sondern auch dessen traditionsreiches Mobiliar. Es paßte einfach so gut zu den österreichischen Spezialitäten wie Tafelspitz aus dem Kupferkessel und Wiener Schnitzel nach Originalrezept. Überhaupt liebt der Meisterkoch das Bodenständige. Dazu gehört auch vieles aus der deutschen Küche und – ganz wichtig – Produkte aus dem Umland, die „nicht ganz altmodisch hergerichtet werden". Herbert Beltle hat die Ideen, sein Küchenchef Andreas Klitsch setzt sie um. Zum Beispiel die beiden Renner sowohl im Kreuzberger Mutterhaus wie auch bei der Aigner-Tochter – das Zanderfilet mit lauwarmem Kartoffelsalat und die Brandenburger Bauernente. Tausende davon wandern jährlich durch Beltles Backröhren.

Sein Refugium hat sich der gefragte Gastronom im Berliner Umland geschaffen: In Bad Saarow spielt er Golf, und das, findet Herbert Beltle, „hat einen enormen Erholungswert".

# Brandenburger Bauernente aus dem Rohr mit Spitzkohlgemüse und Kartoffelpuffer

***Zutaten:***
*1 frische Brandenburger Ente, ca. 2 kg;*
*1 Apfel, 1 Zwiebel, Beifuß, Majoran,*
*100 g Röstgemüse (Karotte, Sellerie, Zwiebel) gewürfelt,*
*1 EL Tomatenmark, 0,5 l Rotwein, 400 g Kartoffeln,*
*1 Ei, Mehl, Muskatnuß, Salz,*
*1/4 Spitzkohl, blanchiert und in Streifen geschnitten;*
*0,2 l Sahne, Zwiebel- und Speckwürfel*

***Zubereitung:***
Die Ente mit dem Apfel und einer halben Zwiebel füllen und mit Salz und Majoran würzen. Die Ente in einen passenden Topf oder eine Pfanne setzen, mit wenig Wasser angießen und im Ofen 1,5 Stunden schmoren. Ab und zu mit Bratensaft begießen, wenn nötig, noch etwas Wasser nachgießen. Wenn man mit der Gabel sticht und kein roter Saft mehr austritt, ist die Ente fertig.

Die Ente etwas auskühlen lassen, dann Brust und Keulen auslösen. Die Knochen kleinhacken und mit dem Röstgemüse und Tomatenmark anbraten. Mit dem Rotwein mehrmals ablöschen und mit Wasser auffüllen. Etwa eine Stunde köcheln lassen, passieren und reduzieren, nochmals abschmecken.

Für die Puffer die geschälten Kartoffeln und eine halbe Zwiebel reiben, mit dem Ei und etwas Mehl mischen und mit Salz und Muskat würzen. In heißem Entenfett goldgelb kleine Puffer braten.

Für den Spitzkohl die Zwiebeln und den Speck in heißem Entenfett anschwitzen. Den Spitzkohl zugeben und mit Sahne ablöschen. Etwas reduzieren. Mit Salz und Muskat würzen.

Die Ente auf einem Soßenspiegel von Entensoße anrichten. Den Spitzkohl und den Kartoffelpuffer anlegen.

ALTE Meierei
RESTAURANT

# RAINER STROBEL

ist als Koch gleich zweifach existent: Wenn er life kocht – oder von seiner 16köpfigen Küchenmannschaft kochen lässt – steht er unsichtbar in der Küche der „Alten Meierei“ im Sorat-Hotel am Spreebogen, gleich vis à vis vom Innenministerium, und sorgt für einen täglich wechselnden, exquisiten Mittagstisch für die vielen hier arbeitenden Büro- und Geschäftsleute. Man kann ihm aber auch via Fernsicht beim Küchenzauber zusehen: jeden Montag um 12.15 Uhr im „ARD-Buffet“. Da kocht der bodenständige Thüringer dann für mehr Menschen, als in das allergrößte Restaurant passen würden.

Hier wie dort hat Rainer Strobel seine treue Anhängerschaft. Das muss an seiner Herkunft und an seiner Grundüberzeugung liegen. Denn seit der damals 15jährige 1969 im Weimarer Hotel „Elephant“ die ersten Kochkenntnisse erwarb, und in den sieben Jahren Küchendienst, mit denen er im DDR-Vorzeigehotel „Panorama“ in Oberhof zur Meisterschaft reifte, hat er gewusst, worauf es vor allem ankommt: nämlich auf frische Produkte je nach Saison und Umgebung, auf ebenso frische und sorgfältige Zubereitung und auf das Festhalten an Traditionen. Zum Beispiel, wenn es um die guten Thüringer Saucen geht. Was ihn allerdings nicht daran hindert, die gehaltvollen Speisen seiner Heimatregion mit moderner, leichter und universeller Küche zu verbinden.

Seine Produkte bezieht der Fernsehkoch am liebsten aus dem Brandenburgischen: Zander, Wildbarsch oder Aal kommen aus dem Havelland, auch Mufflon und Damwild oder die Brandenburger Landente mit frischen Marktgemüsen. Rainer Strobel liebt die Natur. Seine Leidenschaft ist das Angeln. Und so hat er eine besondere Vorliebe für Fisch. Einer aus dem Thüringer Wald, für den auch Sushi kein Fremdwort ist. Die Zubereitung lernte er von japanischen Kollegen im einzigen japanischen Restaurant der ehemaligen DDR, dem „Waffenschmied“ in Suhl.

Das Sahnehäubchen seiner DDR-Karriere aber war das „Silhouette“ im Grandhotel am Berliner Gendarmenmarkt. Acht Jahre wechselvolle (Hotel-) Geschichte hat er hier miterlebt, samt Mauerfall und Wende, bevor er sich 1994 auf dem ehemaligen Bolle-Gelände am Spreeufer in der „Alten Meierei“ niederließ. Auch das hat nämlich Tradition.

# Corquilles Saint-Jacques mit Asiagemüse

(4 Personen)

***Zutaten:***
*24 Jacobsmuscheln, 4 Limetten, 4 cl Pernod,*
*40 g Butter, 4 EL Olivenöl, Salz, Pfeffer,*

***Für das Asiagemüse:***
*4 Knoblauchzehen, 2 Stück frischer Ingwer,*
*12 Shiitakepilze, je 1 Paprika rot, grün, gelb;*
*1 Bund Frühlingszwiebeln, 1 Zucchini,*
*2 Chilischoten, 200 g Mungosprossen,*
*4 EL Weißwein, 4 EL süße Chilisauce,*
*4 EL Sojasauce, 4 EL Sesamöl geröstet*

***Zubereitung:***
*Jacobsmuscheln:*
Die Jacobsmuscheln längs aufschneiden und dabei den Muskel durchtrennen. Die Muscheln aus der Schale nehmen und vom Sand befreien. Muscheln auf Küchenkrepp legen und mit Salz und Pfeffer würzen.
Dann in einer Pfanne mit sehr heißem Olivenöl von beiden Seiten je 1 Minute braten. Aus Olivenöl und Limettensaft eine Sauce aufschlagen und diese über die Muscheln geben. Mit Pfeffer aus der Mühle bestreuen.

*Asiagemüse:*
Die Knoblauchzehen und den Ingwer fein hacken. Die Shiitakepilze würfeln. Die Paprika in 2 x 2 cm große Würfel schneiden. Die Frühlingszwiebeln in 2 cm lange Stücke schneiden. In einem Wok Öl erhitzen und darin den Knoblauch und den Ingwer kurz anziehen lassen. Danach die Gemüse in folgender Reihenfolge zugeben: Paprika, Pilze, Zwiebeln, Zucchini und Chilischote. Alles mit Salz, Pfeffer und Zucker würzen. Mungosprossen, Weißwein, Chilisauce, Sojasauce und Sesamöl zugeben, und alles noch einmal durchschwenken.

# MICHAEL RUSS

liebt es, mit Gästen nett umzugehen. So, dass es zufriedene Gäste werden. Als Schüler in München hat er in einer Bar gejobbt. Und weil ihm das soviel Spaß gemacht hat, bewarb er sich um eine Lehrstelle im „Tantris". Es wurden fünf Jahre Ausbildung daraus. Denn als er mit dem Restaurantfachmann fertig war, wollte er noch kochen. Hans Haas hatte aber in der Küche keine Lehrlinge. Für Michael Russ machte er eine Ausnahme. Und er brachte ihm die Liebe zum Kochen bei.

Sous-Chef bei dem Münchner Zwei-Sterne-Koch war damals Thomas Kellermann (heute Küchenchef im „Vitrum" des Ritz Carlton). Mit ihm zog der Jungkoch, nach einem weiteren Jahr bei Hans Haas, ins Landhaus Nösse nach Sylt. Und ein Jahr später nach Berlin, ins Gourmet-Restaurant „Portalis" am Gendarmenmarkt. Kellermann machte den Küchenchef in dem Ableger des Tantris, Michael Russ folgte ihm. Er blieb fast zwei Jahre, bis er im April 2003 als dritter Küchenchef ins „Atelier" des noch jungen Maritim pro Arte am Bahnhof Friedrichstraße gerufen wurde.

Hier arbeitet der 1976 geborene Münchener mit seiner 5köpfigen Crew daran, auch den Berlinern die feine Küche noch näher zu bringen. Hotelgäste, auswärtige Gourmets und Geschäftsleute, die gern mit Gästen kommen, kennen und schätzen den jungen Küchenchef bereits ebenso wie seine Küche: Leicht, mediterran und französisch soll sie daherkommen. Dabei nimmt der Haas-Schüler sich bewusst zurück. In einem Ambiente, wo der Gast von großformatiger Kunst in kräftigen Farben umgeben ist, muss er nicht auch noch auf dem Teller Kunstwerke vorfinden. Michael Russ liebt keine Spielereien. Wichtig ist ihm nur das Produkt: frisch aus der Region, schlicht, aber perfekt zubereitet.

Damit das funktioniert, hält er sich einen Jäger in Brandenburg, der ihm die ganzen Rehe liefert. Ein Fischer an der Müritz sorgt für frischen Seesaibling, den er in der Salzkruste serviert. Für Obst und Gemüse sucht er noch nach einem geeigneten Brandenburger Bauern.

Daheim in Hönow ist Michael Russ dem Umland schon sehr nahe. Und auch, wenn er manchmal noch Heimweh nach München hat, fühlt er sich in Berlin zunehmend wohl. Drei Berliner helfen ihm dabei: Seine Frau, sein Kind und sein Hund.

# Märkischer Rehrücken
# mit glacierten Feigen und Selleriepüree

***Zutaten:***
*520 g Rehrücken, Piment, Wachholderbeeren,*
*Salz, Pfeffer, Thymianzweig, 50 g Butter*

***Zubereitung:***
Wachholderbeeren und Piment in einem Mörser zerkleinern. Nun das Reh mit Salz, Pfeffer, den zerkleinerten Piment und Wachholderbeeren würzen. 25 g Butter in einer Pfanne leicht bräunlich werden lassen, das Reh von beiden Seiten kurz anbraten lassen und den Thymianzweig dazugeben. Jetzt das Reh auf ein Gitter in den 130 °C vorgeheitzten Ofen 5-8 Minuten schieben, dann herausnehmen und 8 Minuten ruhen lassen, dann wieder in den Ofen schieben und nochmal 10 Minuten garen lassen. Jetzt nochmal in brauner Butter kurz durchschwenken und in gleich große Medaillons schneiden.

***Für das Selleriepüree:***
*1 Sellerieknolle von etwa 400 g, Salz,*
*Pfeffer aus der Mühle, frisch geriebener Muskatnuß,*
*150 g Sahne 50 g Milch*

Sellerie schälen, in grobe Würfel schneiden, würzen, Sahne und Milch dazugeben, einmal aufkochen lassen und dann abgedeckt bei leichter Hitze weichkochen lassen. Wenn die ganze Flüssigkeit verkocht ist, herausnehmen und pürieren und nochmals abschmecken.

***Für die Feigen:***
*8 reife Feigen, 2 EL Zucker, 6 EL Cassismark,*
*250 ml roten Portwein, 250 ml Rotwein,*
*1 Sternanis, 1 Zimtstange, 2 Wachholderbeeren,*
*1 Lohrbeerblatt, 1 TL Akazienhonig.*

Feigen schälen und vierteln. Zucker in einem Topf karamelisieren lassen und mit Portwein und Rotwein ablöschen. Jetzt die ganzen Gewürze und den Honig dazugeben, auf die Hälfte einreduzieren lassen, Cassismark dazugeben und noch etwas einkochen lassen bis der Fond dickflüssig ist. Noch einmal abschmecken und je nach Belieben Honig oder Cassismark dazugeben.Den heißen Fond über die Feigen gießen und über Nacht ziehen lassen.

***Für die Sauce:***
*1/2 l Wildfond, 4 cl roten Port,*
*etwas alten Balsamico, Preiselbeeren, 40 g kalte Butter*

Wildfond und roten Port auf die Hälfte reduzieren lassen, nun mit altem Balsamico und Preiselbeeren abschmecken und durch ein feines Sieb passieren. Die Sauce nochmal etwas reduzieren, mit der kalten Butter binden und mit Salz und frisch gemahlenem Pfeffer abschmecken.

BOCCA DI BACCO

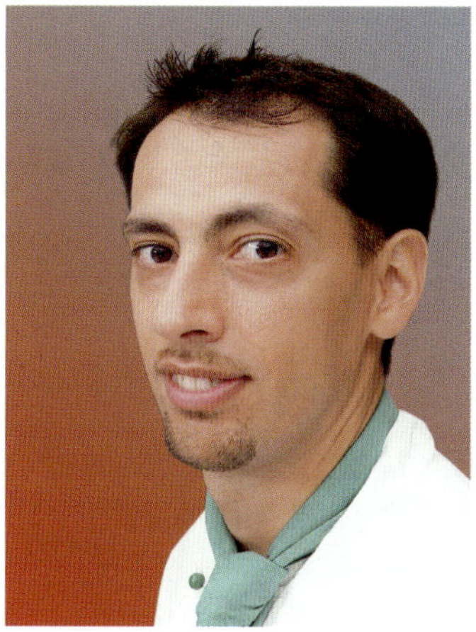

# LORENZO PIZZETTI

lebt und arbeitet nach einer sehr einfachen Philosophie: Er will alles gut und richtig machen. Zum Beispiel das mit der echten italienischen Küche. Zu viele Köche, so hat er erlebt, die in Deutschland mit der italienischen Küche vertraut gemacht werden, werden falsch unterrichtet. Und so, bedauert der Küchenchef im trendigen „Bocca di Bacco" in der Friedrichstraße, geht allmählich die wirkliche, die traditionelle italienische Küche in Deutschland verloren.

Lorenzo Pizzetti war von Anfang an dabei, als der junge Alessandro Mannozzi, Spross des Vorzeigeitalieners Massimo Mannozzi vom Edelrestaurant „Bacco" in der Marburger Straße, sein eigenes Lokal eröffnete. Bis dahin hatte er für den Vater gekocht – erst im Sommer in Italien, ab Winter 1989 in Berlin. Als der Sohn sich 2001 mit seiner Neueröffnung in Mitte selbständig machte, folgte ihm der junge Küchenchef.

Der Pisaner Pizzetti musste sich schon mit 13 für einen Berufsweg entscheiden. In Florenz machte er auf dem Weg zum Abitur auch gleich eine Ausbildung zum Koch. Mit 19 arbeitete er bereits als Jungkoch in einem Hotel in Viareggio, das Massimo Mannozzi gehört. Der hielt ihn auch später in Berlin nicht fest, sondern immer eine Stelle frei: Zwei Jahre lang machte der Jungkoch seine Erfahrungen in Venezuela, auch mit einem eigenen kleinen Restaurant auf einer sonnigen Insel. Hungrig auf Kultur kam er zurück nach Berlin – und entschwand wieder in die Schweiz, ins Palace Hotel von Montreux (5 Sterne).

Seine zehn Köche im Bocca di Bacco stammen alle aus Italien. Und alle, das schätzt der Chef an ihnen, bringen ihre Ideen und neuen Rezepte in die regelmäßig wechselnde Speisekarte ein. Die Generallinie ist klar: Das Produkt muss absolut frisch und so einfach wie möglich zubereitet sein. Fisch muss wie Fisch schmecken, gutes Fleisch darf nicht durch Soßen zugedeckt werden, und die Ricottafüllung in den frischen Ravioli muss als solche erkennbar sein. Alles wird in Pizzettis Küche selbstgemacht: die Nudeln, die Fonds, die Sorbets. Olivenöl und Balsamico, Schinken oder bestimmte Käsesorten werden frisch aus Italien importiert.

Die „ehrliche" Küche des Bocca di Bacco kommt an – bei Schauspielern, Politikern, Sängern und Models. Seit dem ersten Tag sind die 120 Plätze jeden Abend besetzt. Und Gourmetführern wie Michelin und Gault Millau war der puristisch- elegante Italiener aus der Friedrichstraße von Anfang an eine Erwähnung wert.

# Birnen-Mandelsalat mit gegrilltem Ricotta-Käse

***Zutaten:***
*4 kleine Birnen, 300 g Ricotta-Käse,*
*1-2 mittelgroße Tomaten, 1/2 Zitrone,*
*4 EL Olivenöl kalt gepresst, 50 g gehobelte Mandeln,*
*1/2 Bund Schnittlauch, 1 Prise Salz*

***Zubereitung:***
Die Birnen entkernen und in Scheiben schneiden. Die Mandeln in einer Pfanne kurz anrösten. Die Tomate würfeln, den Schnittlauch klein hacken. Zusammen mit den Mandeln und dem gehackten Schnittlauch in einer Schüssel vermengen. Den Saft der Zitrone und das Olivenöl unterrühren und mit Salz abschmecken. Den Salat noch ca. zehn Minuten ziehen lassen, dabei gelegentlich umrühren. Nun den Ricotta-Käse in ca. 1cm dicke Scheiben schneiden und in der Pfanne von beiden Seiten kurz aber kräftig anbraten. Den Salat auf einem großen Teller anrichten und zum Schluss den gegrillten, noch heißen Käse auf den Birnen-Mandelsalat legen und sofort servieren. Als Wein empfiehlt unser Sommelier einen jungen Weißwein aus dem Friaul oder aus dem Veneto.

FACIL

# MICHAEL KEMPF

ist einer der jüngsten unter den deutschen Sterne-Köchen, und er ist einer, der fast im Verborgenen wirkt. Nichts weist von außen auf das Nobelrestaurant „Facil“ im 5. Stock des Madison Hotels am Potsdamer Platz hin. Die Adresse ist ein Geheimtipp unter Kennern. Nur wer davon gehört oder gelesen hat, findet in das vornehm-schlichte Restaurant und zu dem jungen Küchenchef, der, auch ohne Meister zu sein, seine Kreativität und Meisterschaft hier täglich neu beweist.

Der Junge von der Schwäbischen Alb hat schon ziemlich früh gewusst, wo er einmal hin will. Verschiedene Praktika während der Schulzeit haben ihm den Weg gewiesen. Und als er dann endlich in die Lehre durfte, im oberschwäbischen Saulgau bei Ravensburg, da hat er dort mehr gelernt als nur Kochen. Denn in dem 320 Jahre alten Traditionsrestaurant waren die Fische noch lebendig, bevor sie auf den Teller kamen, und es wurden auch mal ganze Rehe verarbeitet. Und das bedeutete für Lehrlinge wie Michael Kempf: Sie gingen nicht nur mit Filetstücken um, sondern mussten das ganze Tier von Anfang bis Ende verarbeiten.

Die weitere Karriere schubste noch der Lehrherr an: Ab in die Sterne-Gastronomie. Erst zu Lothar Eiermann nach Friedrichsruh im Hohenloheschen, dann in die „Fischerzunft“ zu André Jaeger nach Schaffhausen, schließlich die Vollendung bei Dieter Müller in Bergisch Gladbach (drei Sterne). Das Privatleben blieb da zeitweilig auf der Strecke, aber egal – der Weg der Sterne lockte. Und Michael Kempf ging ihn zielstrebig, unterbrochen nur von zehn Monaten Zivildienst. Bis er im März 2003 in Berlin anlangte und sich in dem damals noch ganz jungen „Facil“ schon nach einem halben Jahr den ersten eigenen Michelin-Stern erkochte.

Sein mediterraner Küchenstil mit klassisch-französischen Einsprengseln passt perfekt zu dem Restaurant in luftiger Höhe: sehr leicht und ohne Schnörkel. Michael Kempf mag die klare Linie, ohne Effekthascherei. Seine Spezialität sind Saucen – aber ohne Sahne und Butter, nur mit Olivenöl – und schön langsam geschmortes Fleisch. Seine Ochsenbacken beispielsweise garen über Nacht. Neues probiert er in der Mittagspause aus („aber nicht am Gast!“).

Die besten Ideen aber kommen ihm in der Freizeit, beim Spazierengehen. Oder, besser noch, während der Betriebsferien zweimal im Jahr. Da frischt er Kräfte und Kreativität dann gerne beim Snowboarden oder Mountainbiking auf – am liebsten in der Schweiz, wohin er als Jungkoch die Kontakte knüpfte.

# Terrine von Kalbstafelspitz und Meerrettich mit Brunnenkresse und Roter Beete

***Zutaten:***

***Für die Terrine:***
*1 Kalbstafelspitz (ca. 400 g),*
*Meersalz, 1 TL Butter, 50 g frischer Meerrettich,*
*3 Schalotten, 5 Championköpfe,*
*150 ml Geflügelfond, 150 ml Sahne,*
*2 Blatt Gelatine*

***Zubereitung:***
Tafelspitz parieren, würzen und rundherum kräftig anbraten. Im Ofen 100 min bei 80 °C garen und anschließend kühl stellen. Schalotten schälen und mit den Champions grob würfeln. In der Butter anschwitzen, mit dem Geflügelfond ablöschen und 5 min köcheln lassen.
Meerrettich fein reiben und mit der Flüssigkeit mixen, durchs Sieb streichen und die Gelatine (vorher in kaltem Wasser eingeweicht) darin auflösen. Die Sahne steif schlagen und unter die temperierte Meerrettichmasse heben. Tafelspitz in dünne Scheiben schneiden. Terrinenform mit Klarsichtfolie auskleiden, abwechselnd Meerrettichmousse und Kalbstafelspitzscheiben einschichten. Mind. 5 Stunden kühl stellen. Stürzen und in Scheiben schneiden.

***Für die Rote Beete:***
*2 Knollen Rote Beete, 1 Karotte, 1 Stange Lauch,*
*1 Bund Brunnenkresse, 2 EL Olivenöl, 1 EL Walnussöl,*
*1 TL weißer Balsamicoessig, Meersalz, schwarzer Pfeffer*

*Rote Beete:*
Rote Beete abwaschen und mit der Schale und etwas Meersalz in Alufolie einwickeln. 2 Stunden bei 140 °C im Backofen garen. Kühlstellen. Auspacken, schälen und in Scheiben schneiden. Karotten und Lauch in feine Würfel schneiden und kurz blanchieren, abschrecken. Olivenöl, Walnussöl und Balsamicoessig verrühren und die Vinaigrette abschmecken. Gemüsewürfel unterrühren. Rote-Beete-Scheiben auf dem Teller verteilen, mit der Gemüsevinaigrette marinieren. Jeweils eine Scheibe der Terrine aufsetzen, und die Brunnenkresse auf die Rote Beete zupfen.

*First Floor*

# MATTHIAS BUCHHOLZ

beißt auch mal gern in eine leckere Currywurst oder einen Hamburger. Doch die Fast-Food-Seitensprünge leistet er sich nur privat. Beruflich ist Matthias Buchholz anerkanntermaßen ein Gourmet. Und zwar einer, der nicht nur selbst genießt, sondern auch anderen die feinsten Genüsse zu verschaffen weiß.

„Kochen ist was Schönes" findet der zweifache Berliner Meisterkoch, und mit entsprechend viel Liebe und Enthusiasmus geht er allabendlich ans Werk. Gemeinsam mit einer 13köpfigen Küchencrew wendet er dann sein ganzes handwerkliches Können, seine Kreativität und den Spaß am Kochtopf auf, um seine Gäste nach allen Regeln der Kunst zu verwöhnen – mit traditionsbewussten, klassischen Fisch- und Fleischgerichten ebenso wie mit neu kreierten vegetarischen Verlockungen, durch die er sich von anderen hochdekorierten Kochmützen noch gut absetzen kann.

Schon die Wanderjahre des damals 19jährigen Gesellen aus Remagen am Rhein begannen in Berlin, in Frühsammer's sterngeschmücktem Restaurant an der Rehwiese. Und sie führten ihn in zehn Jahren Reifeprozess durch Gourmettempel in Hannover, Frankfurt, Bargum und Gelnhausen wieder zurück nach Berlin, ins Logenhaus.

Seit sieben Jahren nun wirbelt der mit diversen Bestecken (Michelin), Kochmützen (Varta), Löffeln (Schlemmeratlas) und Hauben (Bertelsmann Guide) geehrte Küchenmeister hinter den Kulissen des „First Floor", dem edelgemütlich ausgestatteten Luxusrestaurant im Hotel Palace Berlin am Europacenter. Und längst ist der 36jährige Rheinländer mit dem hier erworbenen und hartnäckig verteidigten Stern Feinschmeckern in ganz Deutschland ein Begriff. Regelmäßige Höchstleistungen bei Gourmet-Festivals, Galas, Küchenparties und der Beköstigung von Staatsgästen festigen noch diesen Ruf.

In seinem „First Floor" fühlt sich Matthias Buchholz zu Hause. Und an Berlin schätzt er vor allem seinen Kiez um den Hohenzollernplatz – die Cafés, Restaurants, kleinen Bars, wo er sich mit seiner Frau, der Fernsehjournalistin Britta Elm, gerne mal zum Frühstück oder an freien Tagen zum Essen niederlässt. Besonders gern, wenn es deftige Kohlrouladen oder Sülze mit Bratkartoffeln gibt, wobei die Remouladensauce noch nicht einmal selbst gemacht sein muß ...

# *Zweierlei vom Hirschkalb auf Petersilienwurzelmousseline - Roulade und Rücken -*

***Zutaten:***
*560 g Hirschkalbsrücken, Salz + Pfeffer*

***Für die Roulade:***
*200 g Geflügelfarce, 150 g geschmortes Hirschfleisch, 90 g Gänseleber gewürfelt, 70 g Gemüsewürfel, 90 g Champignonwürfel, gehackte Petersilie, 20 g Crôutons, Salz, Pfefffer, etws Abrieb von der Limone, blanchierte Wirsingblätter zu einem Rechteck gelegt und mit einem Rollholz etwas bearbeitet*

***Für die Petersilienwurzelmousseline:***
*250 g Petersilienwurzeln, 2 Schalotten, 250 g Geflügelfond, 200 g Sahne, 50 ml Portwein weiß, 80 g Butter, Salz, Pfeffer, Muskat, Zucker*

***Für die Sauce:***
*15 g zerstoßenen weißen Pfeffer, 1 Schalotte gewürfelt, 2 Scheiben Speck, Balsamicoessig weiß, 110 ml Weißwein, Thymianzweige, etwas Weinbrand, 20 ml Sahne, 150 ml Wildsauce-Fond, 60 g kalte Butter*

***Zubereitung:***
Die Farce gut abschmecken und alle anderen Zutaten zugeben. Nun die Masse auf die Wirsingblätter streichen und zu einer Rolle formen. Diese dann in Folie einrollen und dann erst mit Alufolie umwickeln.
Dann im Wasserbad bei 80 °C 20 bis 25 Minuten garen. In der Zwischenzeit den Hirschrücken salzen und pfeffern, rundherum anbraten. Anschließend 20 bis 30 Minuten in den auf 160 °C vorgeheizten Ofen stellen. Den Hirschrücken herausnehmen, den Ofen ausmachen. Dann wieder in den Ofen schieben, damit das Fleisch ruhen kann.

Die Petersilienwurzeln und Schalotten schälen. Beides klein schneiden und in Butter glasig anschwitzen. Das Ganze nun mit Portwein ablöschen und mit dem Geflügelfond und der Sahne aufgießen. Alles auf mittlerer Flamme garkochen, bis sich die Petersilienwurzel leicht mit einem Löffel zerdrücken lässt. Dann wird die Masse püriert und danach durch ein Sieb passiert. Nach dem Passieren wird die Mousseline mit den Gewürzen abgeschmeckt. Je nach Konsistenz wird die Mousseline nun noch mit Geflügelfond aufgegossen.

*Anrichten:*
Die Petersilienmousseline in der Mitte vom Teller anrichten. Danach die Roulade in Scheiben schneiden und auf der Mousseline anrichten. Auf die Roulade kommt nun ein Stück von dem Hirschkalbsrücken.

*Sauce:*
Den Pfeffer in dem heißen Öl leicht rösten. (So kann sich seine Schärfe besser entwickeln, sein Aroma wird runder.) Das Fett abgießen, mit dem Weinbrand ablöschen und flambieren. Speck und Schalotten zugeben und leicht rösten. Nun den Weißwein und etwas Balsamico zugeben. Das Ganze reduzieren lassen, bis in dem Topf keine Flüssigkeit mehr ist. Nun mit der Sahne und der Wildgrundsauce auffüllen. Die Sauce etwas reduzieren, mit der kalten Butter binden und mit frisch gemahlenem Pfeffer und Salz abschmecken.

*Friedrichs*

Friedrichs
– The Westin Grant Berlin –
Friedrichstraße 158-164
D-10117 Berlin

Tel.: (0 30) 20 27-0

Hotel Adlon
Kempinski

BERLIN

Lorenz Adlon
– Hotel Adlon Kempinski Berlin –
Unter den Linden 77
D-10117 Berlin

Tel.: (0 30) 22 61-0

HOTEL
BAYRISCHES HAUS
★★★★★

RELAIS &
CHATEAUX.

Hotel Bayrisches Haus Potsdam
Im Wildpark 1
D-14471 Potsdam

Tel.: (03 31) 55 05-0

HOTEL
BRANDENBURGER HOF
*Berlin*

DIE QUADRIGA
– Hotel Brandenbuger Hof –
Eislebener Straße 17
D-10789 Berlin

Tel.: (0 30) 214 05-0

*Hotel Residenz*
AM MOTZENER SEE

Hotel Residenz am Motzener See
Töpchiner Straße 4
D-15741 Motzen

Tel.: (03 37 69) 85-0

Hugos

Restaurant

Hugos
– InterContinental Berlin –
Budapester Straße 2
D-10787 Berlin

Tel.: (0 30) 26 02 12 63

# MARKUS HERBICHT

hat seine frühe Entscheidung, unbedingt Koch werden zu wollen, noch nie bereut. Im Saarland geboren, wo man „immer großen Wert aufs Essen gelegt hat", suchte der Schüler nach einer Alternative zu Stahl und Bergbau, weil das alle machten. Mit der Berufswahl „Koch" traf er ins Schwarze. In Riesensprüngen wurde aus dem Lehrjungen im Bahnhofsrestaurant von Saarbrücken ein international gefragter Küchenchef: Mit 24 war Markus Herbicht 1992 der jüngste Chefkoch in einem 5-Sterne-Hotel in Deutschland.

Seine Lehrmeister: Pierre Pfister im Mainz Hilton, Johann Lafer vom Val d'or im Guldental (Bad Kreuznach). Bei ihm, in der kleinen Küche mit Wohnzimmer-Athmosphäre, und unter zwei Michelin-Sternen, lernte der ehrgeizige Jungkoch, was alles machbar ist. Dann kam Freund Gerd Eiser, der heute die „Ente" in Wiesbaden führt, und mit ihm der Ruf nach Thailand. In Phukket sollte ein Hotel eröffnet werden. Der junge Herbicht besorgte Planung und Küchenausstattung, reiste herum, lebte in den Familien, aß nur noch thailändisch. In Bangkok kochte er für die Königin, war in dem Riesenhotel mit zwölf Restaurants für die europäische Küche zuständig, machte Abstecher nach Hongkong und Singapur.

Drei Jahre später lockte Lafer mit der ersten Kochsendung im deutschen Fernsehen. Herbicht assistierte. Gemeinsam mit dem kalifornischen Weinbauern Mondavi gaben beide ein Gastspiel im Berliner Radisson SAS. Als dort dann ein neuer Küchenchef gebraucht wurde, nahm der 24jährige die Herausforderung an. Und bestritt als Teamchef die großen Feste: Verabschiedung der Alliierten, die ersten Aids-Galas in der Deutschen Oper.

In Spanien, im Kempinski-Resort Estepona, kochte der frischgebackene Meister vier Jahre lang für die Reichen und Schönen, in München half er den Käfers beim Partyservice und schrieb sich den Satz hinter die Ohren: „Perfektion wird immer siegen." Dieses Credo beherzigt er seit 2002 im Berliner Westin Grand Hotel an der Friedrichstraße – sowohl im „Stammhaus" mit seinen regionalen Spezialitäten wie auch im Restaurant „Friedrichs", wo man auch mal Steinbutt mit Kaviar und Rotweinbutter bekommen kann. Die Produkte bezieht er am liebsten aus der Region: Lamm von der Müritz, Aal aus dem Wannsee, Kräuter und Gemüse von den Brandenburger Bauern. Manchmal bringt jemand ein paar frische Morcheln vorbei oder einen Korb Steinpilze.

Neben der klassischen Küchenkunst hat Markus Herbicht zwar wenig Zeit, aber noch weitere Leidenschaften: Angeln, Golfen, Reisen. Und den Kopf voller gastronomischer Ideen, die er noch verwirklichen möchte.

# Pfifferling-Pfirsich-Salat mit Parmesan-Mus und Kaninchenpinchito

(4 Personen)

***Zutaten:***

***Für den Pfifferling-Pfirsich-Salat:***
*800 g Pfifferlinge (darauf achten, dass die Pfifferlinge klein und fest sind), 2 Pfirsiche, 3 EL Olivenöl, 1 EL weißer Balsamico-Essig, 1 TL brauner Zucker, Kerbel, Salz, Pfeffer aus der Mühle*

***Für das Parmesan-Mus:***
*125 g Milch, 125 g Sahne, 3 EL geriebenen Parmesan, 3 Blatt Gelatine, Salz, Pfeffer, Muskatnuß, 150 g geschlagene Sahne*

***Für die Pinchitos:***
*200 g Kaninchenrücken, vom Metzger bereits ausgelöst; 4 Rosmarinzweige, Salz und Pfeffer, 2 EL Olivenöl*

*Kerbel zum Anrichten*

***Zubereitung:***
Die Pfifferlinge vorsichtig säubern, mit Salz und Pfeffer würzen und in einer heißen Teflon-Pfanne mit Olivenöl goldgelb braten.
Nun die Pfirsichscheiben hinzugeben und kurz mitbraten, braunen Zucker zufügen und mit dem weißen Balsamico-Essig ablöschen, beiseite stellen.
Milch und Sahne in einem Topf erhitzen, den geriebenen Parmesan hinzufügen und mit Salz, Pfeffer und Muskatnuß abschmecken. Die Gelatine in kaltem Wasser einweichen, gut ausdrücken und in die heiße Masse geben. Das Ganze nun in einem Wasserbad kalt rühren und kurz bevor die Masse fest wird, die geschlagene Sahne vorsichtig unterheben. Das Mus in eine Schüssel geben und für zwei Stunden kühl stellen.
Anschließend mit einem Löffel oder Eisportionierer Nocken ausstechen.
Die ausgelösten Kaninchenrücken in ca. 2 cm große Würfel schneiden und jeweils drei Würfel auf einen Rosmarinzweig aufspießen, ebenfalls mit Salz und Pfeffer würzen und in einer Pfanne von beiden Seiten 2 Minuten braten. Den Pfifferling-Pfirsich-Salat dekorativ auf einem Teller anrichten. Die Kaninchenpinchitos dazulegen, mit Kerbel ausgarnieren und lauwarm servieren.

Hotel Adlon
Kempinski

BERLIN

# RAINER SIGG

hat zwei Leidenschaften: Die eine ist das Kochen, die andere sein Motorrad. Die erste hat aus dem einstigen Metzgerlehrling aus Bad Wurzach in Schwaben einen hochdekorierten Spitzenkoch gemacht, der schon mit 26 Jahren im Stuttgarter Flughafenrestaurant „Top Air" seinen ersten Stern eroberte und ihn dann sechs Jahre lang immer wieder vom Michelin-Himmel holte; die zweite Leidenschaft sorgt dafür, dass der Küchendirektor des Adlon, Herr über drei Hotelrestaurants und einen großen Bankettbereich, regelmäßig seine Kreativkräfte auffrischen kann und bei schnellen Fahrten durch Süddeutschland, die Schweiz und Italien immer wieder neue Ideen entwickelt. Vor allem das kleine, feine Gourmetrestaurant „Lorenz Adlon" in der Beletage des Hotels am Pariser Platz profitiert hiervon.

Den Grund für die Kochleidenschaft legte ein Besucher, der des öfteren in dem Metzgerbetrieb in Aitrach vorbeischaute, in dem Rainer Sigg als 15jähriger lernte: Romeo Hofer, damals Küchenchef des Posthotel in Garmisch-Partenkirchen, wurde der erste Lehrherr des fertigen Metzgergesellen in der feinen Küche. Von Garmisch ging's nach Landshut, ins Romantikhotel Fürstenhof, und dann nach Freiburg ins Hotel Colombi. Prägend waren danach aber vor allem die drei Jahre bei Eckart Witzigmann in der „Aubergine" in München.

Seit Juli 2002 nun macht Rainer Sigg als Küchendirektor in der Adlon-Gastronomie Witzigmanns hohen Qualitätsanspruch zum Prinzip. Im Verein mit seinen Küchenchefs setzt er auf absolute Spitzenqualität der Produkte. Ob das Milchkalb im „Lorenz Adlon", das Eisbein in der Adlon-Stube oder die Adlon-Ente im Restaurant Quarré: „Das Produkt ist der Star", findet Rainer Sigg; es soll so naturbelassen wie möglich sein und wird nur verfeinert, im Gourmetbereich am liebsten auf raffiniert französisch-elsässische Art.

Es ist die klassische Küche in seiner leichten Form, die der Chef in der Intimität des gediegenen Sterne-Restaurants im ersten Stock präsentieren möchte. Und damit der Adlon-Gast sich damit auch wirklich wohlfühlt, wird er von dem großen Service -Team höchst zuvorkommend betreut und fachlich beraten. Jeder Wunsch des Gastes wird erfüllt, auch wenn er mal nicht auf der Karte steht.

Zweimal bereits wurde Rainer Sigg im Adlon von der American Academy of Hospitality Sciences mit dem Five Star Diamond Award ausgezeichnet als „One of the Finest Chefs worldwide" .

# Dreierlei vom Kalb mit Perigord-Trüffel und Topinamburragout

(4 Personen)

***Zutaten:***

***Für den Kalbsschwanz:***
*1 Stk. Kalbsschwanz, 30 g Kalbsfarce, 20 g Schweinenetz, Salz/Pfeffer aus der Mühle, 60 g gekochte Linsen in Balsamico, 60 g Gänsestopfleber*

***Zum Schmoren:***
*1 Schalotte, 1 Knoblauchzehe, 1/2 Karotte, 1/2 Sange Staudensellerie, 1/2 TL Tomatenmark, 1/2 Fl. Rotwein, 1 l Kalbsjus*

***Für das Kalbsfilet:***
*4 Stk. Kalbsfiletmedaillon à 80 g, 20 g Perigordtrüffel, 15 g Butter, 15 g Mie de pain, Butter zum Anbraten, Thymianzweig, Rosmarin*

***Für die Trüffelsoße:***
*10 g Perigordtrüffel, 10 g Butter, Cognac, Madeira, Trüffelfond, Schmorfond vom Kalbsschwanz*

***Für das Blanquette:***
*200 g Kalbshüfte, 1/2 Karotte, 1 St. Sellerie, 1 Schalotte, Petersilienstiel/Lorbeerblatt, 1 l Kalbsfond, 100 g Sahne, 1 EL geschlagene Sahne*

***Für das Kartoffelpüree:***
*100 g Kartoffeln, 150 g Sahne, 10 g Butter, Salz, Muskat, 4 St. Topinambur, gleichmäßige Größe zum Tournieren, 10 g Butter, 1/4 l Geflügelfond*

***Zubereitung:***
Kalbsschwanz längs am Knochen und von der Innenseite aus mit Hilfe eines kurzen, spitzen Messers vorsichtig auslösen. Überflüssige Fett sowie Knorpel entfernen und beides für die Soßenzubereitung reservieren. Den ausgelösten Kalbsschwanz leicht plattieren, würzen und dünn mit Farce bestreichen. Linsen in den mittleren Teil füllen und vorsichtig einrollen. Kalbsschwanzrolle auf rohes Schweinenetz legen und einrollen. Mit Bindfaden binden. Knochen und Fleischabschnitte klein schneiden und in heißem Fett anbraten, das in Würfel geschnittene Schmorgemüse zugeben und kurz mit rösten. Das Tomatenmark zugeben und mit dem Rotwein ablöschen, reduzieren, und die Kalbsjus angießen. Kalbsschwanz würzen, rundum anbraten, anschließend zum Soßenansatz geben und im Ofen ca. 1,5-2 Std. bei 180 °C schmoren. Kalbsschwanz aus der Soße nehmen und erkalten lassen, Bindfaden entfernen und im kalten Zustand in 1 cm dicke Scheiben schneiden. Gänsestopfleber in 7 mm dicke Scheiben schneiden und auf die gleiche Größe wie den Kalbsschwanz zuschneiden. Die Leber auf die Kalbsschwanzscheibe setzen und das Ganze in Schweinenetz einpacken. Soßenansatz durch ein Tuch passieren, das Fett abschöpfen und auf 200 ml klein reduzieren. Den Trüffel in kleine Würfel schneiden, in der Butter anschwitzen und mit dem Alkohol ablöschen, reduzieren, den Schmorfond angießen und mit kalter Butter abbinden. Kalbshüfte blanchieren, mit dem Gemüse und Kalbsfond ansetzen und ca. 1 Std. köcheln lassen, herausnehmen und in 1 cm große Würfel schneiden. 200 g vom Kochfond abnehmen, zur Hälfte reduzieren, Sahne zugeben und die Kalbsfleischwürfel darin erhitzen, zum Schluß mit der geschlagenen Sahne vollenden. Für das Kartoffelpüree die Kartoffel in gesalzenem Wasser kalt aufsetzen und weich kochen, dann passieren. Die Butter mit Sahne und Gewürzen aufkochen und die Kartoffeln unterheben. Den Tobinambur in Schiffchen tournieren und leicht aushöhlen, in Butter anschwitzen und mit dem Fond angießen, bissfest garen. Die Kalbsmedaillons würzen, anbraten, auf ein Gitter setzen und im Ofen bei 180 °C fertig garen.
Den Trüffel in gleichmäßige Würfel schneiden. Die Medaillons in der Butter mit den Gewürzen braten. Etwas feingehackten Trüffel auf die Medaillons streuen. Die Kalbsschwanzpäckchen auf der Stopfleberseite anbraten, wenden und im Ofen ca. 2-3 Min. fertigbraten.

HOTEL
BAYRISCHES HAUS
★★★★★

# ALEXANDER DRESSEL

kocht an einem Ort, wo sich Füchse und Hasen, Käuzchen und noch ein paar andere Waldtiere gute Nacht sagen – mitten im Wildpark von Potsdam. Aus Versehen kommt hier, 800 Meter von der B1 entfernt, wohl niemand vorbei. Ein Geheimtipp ist das Bayrische Haus, dessen Küche der gebürtige Berliner seit Dezember 2003 leitet, trotzdem nicht mehr. Gourmets kennen die Adresse längst, wo einst Preußenkönig Friedrich Wilhelm IV. seiner Elise ein Stückchen bayrische Heimat bieten wollte. Das Edelrestaurant „Friedrich Wilhelm" in dem Fünf-Sterne-Hotel ist in allen Restaurantführern bestens bewertet. Und mit der etwas bodenständigeren „Elisenstube", die auch schnelle Mittagsmenüs anbietet, versucht der Chef, mehr und mehr auch Potsdamer Publikum anzuziehen.

Alexander Dressel wusste schon als Fünfjähriger ganz genau, was er wollte: Koch werden, und zwar ein guter. Die Erzählungen vom großväterlichen Hotel in Templin müssen es ihm angetan haben. Aber als es soweit war, gab es in ganz Berlin keine passende Lehrstelle für ihn. Also wanderte der Preuße in den Hochschwarzwald aus, ließ sich in dem angesehenen „Treschers Schwarzwaldhotel" ausbilden, kehrte nach drei Jahren wieder nach Berlin zurück, ins Gourmet-Restaurant „Harlekin" des Grand Hotel Esplanade, und wanderte weiter durch die besten Küchen Mallorcas, Italiens und der Schweiz.

In Rom war der Berliner bei der Eröffnung des Hilton-Restaurants La Pergola (zwei Michelin-Sterne) dabei, und auch der Frankfurter „Brückenkeller", wo er zweieinhalb Jahre blieb, trug stolz seine zwei Sterne. Die erste Küchenchefstelle trat der ehrgeizige Koch1998 mit 27 Jahren im Berliner „Borchardt" an und zwei Jahre später wieder ab. Eine Tochter war geboren, der junge Vater nahm sich eine Auszeit – heute ist er froh darüber. Und dennoch wurde er kurz darauf, als er in Kitzbühel im „Schwarzen Adler" wieder am Kochtopf zauberte, Aufsteiger des Jahres in Österreich. Als das zweite Kind unterwegs war, wurde er wieder nach Italien gerufen, ins Grandhotel Rimini und nach Montalcino. Doch das ländliche Leben in der Toskana war problematisch für Frau und Kinder, da kam das Angebot, in den Potsdamer Wildpark zu wechseln, gerade recht.

Natürlich ist sein Stil am Herd von Italien geprägt. Italienische oder gar mediterrane Küche möchte er das aber trotzdem nicht nennen. Und schon gar nicht mag er sich in eine Schublade stecken lassen. Nur soviel: Wer zum Essen und Genießen in den Wildpark kommt, darf eine moderne, leichte, internationale Küche erwarten. Dazu steht der Familienvater und Fußballfreund ebenso wie zu seinem Bekenntnis als Hertha-Fan.

# Mit Ziegenfrischkäse gefüllte Mezzalune im Gewürzkürbisbett und grillierte Jacobsmuscheln

(4 Personen)

***Zutaten:***
*8 große Jacobsmuscheln, 125 g Nudelteig,*
*160 g Ziegenfrischkäse, 200 g Butternusskürbis,*
*250 ml Fond Blanc, 50 ml Läuterzucker,*
*30 ml weißen Balsamico, 10 Pfefferkörner,*
*1/2 Zimtstange, 1/2 TL Fenchelsamen,*
*1/2 Vanilleschote, 1 Thymianzweig, 1 Sternanis,*
*50 g Mazola, Traubenkernöl, Kürbiskernöl,*
*etwas geröstete Pinienkerne,*
*etwas geröstete Kürbiskerne für die Zubereitung,*
*Salz, Zitrone, Olivenöl, Pfeffer, Eigelb*

***Vorbereitung:***

I.

- Jacobsmuscheln ausbrechen, von Muskeln und Corail befreien, wässern und kühl stellen

II.

- Für die Mezzalune den Frischkäse in einer Schüssel mit etwas Kürbiskernöl, Salz und Pfeffer glattrühren
- Nudelteig dünn ausrollen, mit einem Spritzbeutel die Frischkäsefüllung in 10 cm Abständen mittig auspritzen, Nudelplatte mit etwas verquirltem Eigelb bestreichen, umklappen und halbmondförmig ausstechen
- anschließend kühlstellen

III.

- Den Kürbis mit der Aufschnittmaschine oder einem Gemüsehobel dünn ausschneiden.
- Fond Blanc, Läuterzucker und weißen Balsamico in einem Topf aufkochen, Gewürze zugeben, 10min leicht köcheln lassen, beiseitestellen und ca. 30 min ziehen lassen, abpassieren und mit Mazola, etwas Traubenkernöl und Kürbiskernöl aufmontieren
- die Kürbisscheiben in den heißen Fond geben und ziehen lassen

***Zubereitung:***

Jacobsmuscheln mit Zitrone und Salz würzen und in einer Grillpfanne mit etwas Olivenöl braten und anschließend auf Küchenpapier abtropfen lassen. Mezzalune al dente kochen. Kürbis leicht erwärmen.

*Anrichten:*

Kürbis auf den Tellern verteilen. Jacobsmuscheln und Mezzalune oben aufsetzen, mit Kürbiskernöl beträufeln, mit Pinienkernen und Kürbiskernen bestreuen und servieren

HOTEL BRANDENBURGER HOF
*Berlin*

# BOBBY BRÄUER

wirkt gerne bescheiden im Hintergrund, auch wenn er – seit Anfang 2004 – in der hauseigenen DIE QUADRIGA des Hotels BRANDENBURGER HOF der erste Mann am Herd ist. Ein guter Geist möchte er sein, einer von vielen, die in dem fast verborgen liegenden Stadtpalais in der Eislebener Straße dafür sorgen, dass ein Hotelgast sich rundum wohlfühlen kann.

Wer hier her kommt, kennt die Adresse aus einem der einschlägigen Gourmet-Führer. Und den internationalen Feinschmeckern, die den Weg in das stilvolle Restaurant DIE QUADRIGA finden, kann Bobby Bräuer denn auch mit internationaler Erfahrung in den besten Häusern begegnen.

Als der damals 20jährige beschloss, seine Leidenschaft für gute Küche zum Beruf zu machen, ließ er sich zunächst von Otto Koch im „Le Gourmet" auf dem Münchener Messegelände in die Kunst des Kochens einweisen. Die Wanderjahre führten ihn dann nach Schaffhausen, zu André Jaegers „Fischerzunft", weiter in ein südfranzösisches Dorf mit großer Küche (L'Oasis) bei Cannes, in „La Casa Nova" im toskanischen Chianciano Terme und für ein Jahr zu Dieter Müller in die „Schweizer Stuben" von Wertheim-Bettingen. Nach der Sous-Chef Position bei Eckart Witzigmann in der „Aubergine" folgten sieben wichtige Jahre als Küchenchef im Münchner Sternerestaurant Hotel Königshof. Das Sprungbrett nach Berlin war zuletzt das „Victorian" in Düsseldorf.

Gekocht wird bei Bobby Bräuer und seinen 18 Köchen das, was Spaß macht – sowohl beim Zubereiten wie beim Essen. Sein Credo lautet dabei: Es ist das Produkt, das im Vordergrund steht, das seinen Geschmack entfalten soll. Und das bedeutet für ihn filigranes Arbeiten, kein Zudecken mit schweren Aromen. Bobby Bräuer wandelt gern klassische Gerichte ab, vermischt auch mal Regionales mit Exotischem.

Auf einen Küchenstil will er sich nicht festlegen lassen. Wohl aber auf das perfekte Zusammenspiel mit seinem Team. Dazu gehören auch die zahlreichen Servicekräfte des Hotels. Das Gesamtbild des Hauses, in dem sich Gäste wohlfühlen sollen, ist ihm wichtig, nicht die Leistungen eines Einzelnen. Und darum sieht sich Bobby Bräuer auch nur als ein guter Geist unter den vielen ...

# Hummer mit Wildkräutersalat

***Zutaten:***
*2 Hummer, 160 g Wildkräuter,*
*1 dl Traubenkernöl, 1/2 dl Geflügelbrühe,*
*Saft von einer Limette, 30 ml Champagneressig,*
*Salz, Pfeffer, Zucker*

***Für das Karotten-Ingwer-Pürree:***
*1 Karotte geraspelt,*
*1 Messerspitze geriebener Ingwer,*
*1/4 reife Mango (in feine Würfel geschnitten),*
*5 Blätter Koriander gehackt,*
*Salz, Zucker, Cayenne Pfeffer*

***Für den Mangoschaum:***
*1/8 l Orangensaft, 1/8 l Mangopüree, 1 Blatt Gelatine*

***Zubereitung:***
*Hummer:*
Hummer in kochendem Wasser (mit etwas groben Salz und Kümmel) ca. 4 Minuten garen, herausnehmen und abkühlen lassen, Scheren ausbrechen und Hummer halbieren. In Olivenöl auf der Hautseite bei niedriger Hitze anbraten, wenden, etwas Butter beigeben und übergießen. Traubenkernöl, Geflügelbrühe, Limettensaft und Champagneressig mixen und mit Salz, Pfeffer und Zucker abschmecken. Die Wildkräuter damit marinieren und den gebratenen Hummer mit anlegen.

*Karotten-Ingwer-Pürree:*
Karotten und Mango mit etwas Zucker zu einem Püree einkochen, mit Ingwer und Koriander abschmecken.

*Mangoschaum:*
Mangopüree mit dem Orangensaft mischen und mit eingeweichter Gelatine leicht binden. Flüssigkeit mit Hilfe eines Sahnespenders aufschäumen.

Hotel Residenz
AM MOTZENER SEE

# ROY AUGUSTIN

kocht nicht für ein Sterne-Restaurant. Das würde am abgelegenen Motzener See auch nicht so gut gehen. Seine Küche will „für jedermann“ da sein und er will ein guter Lehrmeister sein: Der beste Lehrling Brandenburgs kam 2003 aus seiner Küche. Augustin selbst ging seinerzeit durch die strenge Schule eines preußischen Idealisten: In den Alt Schweriner Schankstuben und dem 200 Jahre alten Weinhaus Uhle wurde dem Schweriner Jungen vor allem absolute Disziplin und gründliches Handwerk nahegebracht.

Dass da noch mehr und viel Besseres sein könnte, das erfuhr der Jungkoch in den achtziger Jahren durch eine Fernsehserie: mit „Essen wie Gott in Deutschland“ brachten Eckart Witzigmann und seine Kollegen der Spitzenliga den Lichtblick in Augustins noch junge Küchenkarriere. Da kochte er bereits in der großen Gastronomie des SEZ in Berlin und war der Überflieger. Aber nun waren Ehrgeiz und Anspruch geweckt. Durch reine Sturheit eroberte der Mecklenburger sich eine Stelle im Palasthotel am Dom und fing mit dem Lernen noch einmal von vorn an: Franzosen im DM-Restaurant Roti d’Or lehrten ihn die französische Küche, und Roy Augustin, damals mit 28 der jüngste Küchenmeister in einem Interhotel, übte die Marktwirtschaft in der DDR.

Ab 1990, im Dienste des heutigen Hilton, kamen Auslandserfahrungen hinzu. Man schickte den Sous-Chef auf Stippvisite nach Brüssel, Wien, Paris und ins Elsass, um den dortigen Kollegen auf die Finger zu schauen. Und dann kam da ein Stammgast mit dem Angebot, in Teupitz die alte Schlossküche wieder zu beleben. Mit diesen Erfahrungen im Rücken begleitete er die Eröffnung eines weiteren Hotels in Berlin, bis man den bei Neueröffnungen erprobten Meister 1996 nach Motzen holte, wo drei Jahre zuvor das Hotel Residenz mit seinen „Märkischen Stuben“ aus- und aufgebaut worden war.

Und weil dieses Hotel dort so idyllisch am See liegt, muss der Chef mit seinen Köchen und den zwei Lehrlingen pro Jahr den Ferien-, Tagungsgästen und Gourmets vor allem dreierlei bieten: Fisch, Fisch und Fisch. Das Übrige auf der Karte richtet sich nach der jeweiligen Saison, mit Betonung auf regionalen Produkten. Eine besondere Liebe des Meisters gilt aufwendigen Desserts – auch ein Highlight bei den Romantischen Abenden, die in besonderen Arrangements angeboten werden. Für den Fall, dass solche nächtlichen Stunden am Seeufer bei Kerzenlicht mal weiter führen, ist gesorgt: Hochzeiten mit bis zu 100 Gästen können im Bankettsaal stattfinden.

# Verschiedenes von der Brombeere

***Zutaten:***

***Für die Tarte:***
*Mürbeteig; 50 g Zucker, 120 g Butter, 150 g Mehl, Abrieb von einer Orange, Füllmasse; 20 g Zucker, 50 g Quark, 50 g Sahne, 2 Eigelb, 1/4 Vanilleschote, kleine feste Brombeeren*

***Zubereitung:***
Für den Mürbeteig die Zutaten zügig zu einem Teig verarbeiten und diesen ca. 30 min kaltstellen, dann etwa 0,5 cm dick ausrollen und in eine kleine oder eine große gefettete und abgestäubte Tarteform geben. Mit einer Gabel den Teig reichlich einstechen (damit er nicht aufgeht), eventuell mit Pergament und Hülsenfrüchten beschweren, bei ca. 200 °C ca. 10 min „blind" backen. Für die Füllmasse alle Zutaten verrühren, die Vanillestange ausschaben und mit zugeben. Die Brombeeren gleichmäßig auf dem Mürbeteigboden verteilen und die Füllmasse darüber geben, sofort in den Ofen und bei 180 °C ca. 12-20 min zu Ende backen. Die Tarte ist gut, wenn beim Anpieken die Masse nicht mehr flüssig ist.

***Für die Kaltschale:***
*400 g Brombeeren schön reif, Saft von einer Zitrone, 80 g Zucker, trockener Sekt*

Die Brombeeren mit dem Zitronensaft und dem Zucker im Mixer pürieren, durch ein Sieb streichen, kaltstellen und kurz vor dem Servieren mit dem Sekt auffüllen.

***Für das Parfait:***
*2 Eigelbe, 40 g Zucker, 2 cl Himbeergeist, 100 g Brombeerpüree, 150 g geschlagene Sahne*

Die Eigelbe mit dem Zucker und Geist auf dem leicht siedenden Wasserbad bis es cremig ist schaumig schlagen, abkühlen lassen und das Brombeermark zugeben. Schlagsahne fast steif schlagen und unterheben. Etwas Brombeermark mit Zucker einkochen lassen und abbkühlen. In passende Förmchen füllen, dabei mit dem Brombeersirup „verstrudeln", dann mindestens 3h durchfrieren.

***Für die Mousse:***
*2 Eigelbe, 1 Eiweiß, 40 g Zucker, Himbeergeist, 3 Blatt Gelatine, 100 g Brombeerpüree, 150 g geschlagene Sahne*

Die Eier mit dem Zucker und einem Spritzer Himbeergeist auf dem leicht siedenden Wasserbad schaumig schlagen, bis die Masse cremig ist, dann die in kaltem Wasser eingeweichten und gut ausgedrückten Gelatineblätter zugeben. Das Brombeerpüree einrühren und die fast steif geschlagene Sahne unterheben. In eine vorgekühlte flache Porzellanform geben und 2h kaltstellen, mit einem warmen Löffel Nocken abstechen.

***Tipp:***
Das Parfait und die Mousse lassen sich gut am Vortag vorbereiten!

*Anrichten:*
Das Parfait auf den Teller stürzen, eine Nocke Mousse aufsetzen, die noch warme Tarte plazieren und die Kaltschale mit dem Sekt aufgießen und in eine Moccatasse geben. Den Teller mit frischen in Himbeergeist marinierten Brombeeren und Brombeersauce garnieren.

Hugos

Restaurant

# THOMAS KAMMEIER

kann mit Fug und Recht behaupten, einen Spitzenjob zu haben. Der Sterne-Koch aus Westfalen ist zwar schon seit 1998 Küchenchef des Edelrestaurants im „InterConti“, aber erst seit 2003 ist er ganz oben angelangt: Seit das 5-Sterne-Hotel in der Budapester Straße sich entschloss, sein gediegenes Restaurant „Zum Hugenotten“ verjüngt und modernisiert, mit neuem Namen und neuem Konzept in die Leichtigkeit der 14. Etage zu verlegen, regiert der zweifache „Berliner Meisterkoch“ über das kleine, feine Küchenreich des „Hugos“ hoch über den Dächern und Bäumen der Berliner City. Vor dieser Kulisse und in der schlichten Eleganz des neuen „Hugos“ verwöhnt er anspruchsvolle Gäste allabendlich mit einer frischen, leichten Küche – am liebsten Fisch – mit französisch-mediterranem Einfluß, die dem Gault Millau 17 Punkte und dem Michelin einen Stern wert ist.

Dabei ist Thomas Kammeier ein Spätberufener. 1966 im westfälischen Schermbek geboren, ließ er sich zunächst als Bäcker ausbilden, aber das war ihm nicht genug. Erst nach 20 Monaten Zivildienst und weiterem Nachdenken suchte sich der damals 22jährige eine Lehrstelle als Koch. Ernst Scherrer in Recklinghausen legte in ihm den Grundstock für die Liebe zur feinen Küche. Aber den eigentlichen Kick erfuhr er erst durch Wolfgang Dubs in Worms. In dessen sterngeschmückter Rotisserie lernte er neben dem Handwerklichen, was alles machbar ist in der Sternegastronomie. Wolfgang Dubs hat dem jungen Kammeier auch die Kenntnis der Weine nahegebracht. Und dass diese Weine ein ganz wichtiger Beitrag zur Gourmetküche sind, erfährt der Gast des „Hugos“ schon beim Verlassen des Fahrstuhls: wandhohe Kühlschränke im Entree des ehemaligen Dachgartens halten stets eine Auswahl von über 400 Weinen für den möglichen Tagesbedarf bereit, und Thomas Kammeier kennt sie alle.

Von Worms aus ging es steil bergauf: erst zu Heinz Wehmann in Hamburg, dann, schon als Sous-Chef, ins Düsseldorfer „Hummerstübchen“ zu Peter Nöthe (ebenfalls zwei Sterne). Dazwischen lagen sieben musikalische Wochen für den Freund der klassischen Musik: Während des Schleswig-Holstein-Musikfestival hatte er als Küchenchef auf Schloss Salzau 120 hungrige Musiker rundum kulinarisch zu versorgen.

Die Liebe zog Thomas Kammeier schließlich 1996 nach Berlin. Zwei Jahre später war er Küchenchef im „Hugenotten“, nach einem weiteren Jahr hatte er sich seinen eigenen Stern erkocht. Und er arbeitet weiter an sich, probiert immer wieder neues aus, will sich entwickeln. Die Liebe zum Golfspielen, diese Kombination aus hoher Konzentration und vielen Stunden Bewegung in der Natur, helfen ihm dabei.

# Brandenburger Rehrücken

***Zutaten:***
*500 g Süßkirschen, 50 g Zucker,*
*100 ml Aceto Balsamico (6 Jahre alt),*
*500 ml Rotwein, 500 ml Kirschsaft, 1/4 Zimtstange,*
*12 Korianderkörner, 1/2 Vanilleschote,*
*500 g Rehrücken, 1/2 TL Koriander,*
*1 Zweig Rosmarin, Pflanzenöl,*
*Salz, Pfeffer, 100 g Gänsestopfleber, Meersalz,*
*2 Schalotten, gewürfelt; etwas Butter,*
*400 g Knollenselleriewürfel, 250-300 g Sahne,*
*20 g Butter, Salz, Pfeffer, 200 g Pfifferlinge,*
*1 Schalotte, 1/4 Knoblauchzehe, Olivenöl,*
*100 ml Wildsauce, Rosmarinspitzen*

***Zubereitung:***
Kirschen waschen (Stiel nach Wunsch daran lassen), entkernen und in ein sauber gespültes Einweckglas einfüllen.
Zucker karamellisieren, mit Balsamico ablöschen und etwas reduzieren, restliche Zutaten zugeben und auf 600 ml reduzieren, passieren und noch heiß auf die Kirschen geben. Das Glas verschließen und 15-20 Minuten einkochen.

Rehrücken in Öl anbraten und mit angedrückten Korianderkörnern und Rosmarin in etwas Butter im Ofen bei 200 °C rosa braten und ruhen lassen. Rücken portionieren, mit dünnen Scheiben Gänsestopfleber belegen, mit etwas Meersalz würzen und kurz unter den Salamander stellen.

Für das Püree Schalotten in Butter anschwitzen, Sellerie zugeben und mit Sahne auffüllen. Weich kochen, passieren und in den Mixer geben, je nach Konsistenz etwas Sahne zugeben und abschmecken.

Pfifferlinge waschen, putzen und in Olivenöl anbraten, fein gewürfelte Schalotten und angedrückten Knoblauch zugeben, abschmecken.

Das Püree auf Tellern anrichten, den Rehrücken darauf plazieren, Kirschen und Pfifferlinge dazugeben und mit etwas Wildsauce umgießen, mit Rosmarinspitzen ausgarnieren.

KaDeWe

Feinschmeckeretage
Tauentzienstraße 21-24
D-10789 Berlin

Tel.: (0 30) 21 21-0

MARGAUX

Margaux
– Restaurant Margaux –
Unter den Linden 78
D-10117 Berlin

Tel.: (0 30) 22 65 26 11

Kempinski
Hotel Bristol
BERLIN

Kempinski Grill
– Kempinski Hotel Bristol Berlin –
Kurfürstendamm 27
D-10719 Berlin

Tel.: (0 30) 884 34-0

Marriott
BERLIN

Midtown Grill
– Hotel Marriott Berlin –
Inge-Beisheim-Platz 1
D-10785 Berlin

Tel.: (0 30) 220 00-0

Louis

Louis
– STEIGENBERGER HOTEL BERLIN –
Los-Angeles-Platz 1
D-10789 Berlin

Tel.: (0 30) 21 27-0

Opernpalais
UNTER DEN LINDEN

Opernpalais Unter den Linden
Unter den Linden 5
D-10117 Berlin

Tel.: (0 30) 20 26 83

# HANS-DIETER SCHIFFER

weiß, wenn Menschen überall in der Welt vom Berliner KaDeWe schwärmen, dann meinen sie die Feinschmeckeretage. Hier wird unter seiner Leitung mit 33 Degustationsständen und über 900 Plätzen auch eines der größten Restaurants Deutschlands betrieben.

Es war die Arbeitszeit, die den Rheinländer aus Grevenbroich in das Berliner Renommierkaufhaus gezogen hat, das 1975 an einem einzigen Imbissstand Gäste bewirtete. Keine Sonntagsarbeit mehr – nach einem Jahr Frondienst im Kempinski, damals die Nummer 1 am Platz, war das eine Wohltat.

Heute ist die Arbeitszeit kein Thema mehr. Denn es sind ja nicht nur, ab sechs Uhr früh, die zahlreichen Stände in der 6. Etage zu bedienen, die den Hungrigen, den Neugierigen und den Feinschmeckern alles bieten von der Berliner Currywurst und Kartoffelspezialitäten bis zu den feinsten Fischgerichten und Schalentieren. Wenn abends und nachts gefeiert wird im KaDeWe, die Venezianische Nacht im April oder Halloween im Oktober, oder wenn außer Haus Veranstaltungen zu bedienen sind, dann ist das 160köpfige Team aus Köchen, Bäckern und Konditoren weiter in Aktion, auch bis weit nach Mitternacht.

Mit dem wachsenden Aufbau des Partyservice musste auch Hans-Dieter Schiffer weiterlernen: bei Lenôtre in Paris, Peck in Mailand, der „Ente“ in Wiesbaden. Und was der damalige Sous-Chef an Einsichten und Erfahrungen von den Gourmet-Päpsten mitbrachte, kam unmittelbar den gekrönten und ungekrönten Staatsoberhäuptern aus aller Welt zugute, die das KaDeWe bei den großen Empfängen im Roten Rathaus oder im Charlottenburger Schloß bekochte. Den Gästen gefiel's – egal ob Queen Elizabeth, die Riege der Altbundespräsidenten, Kanzler Kohl mit dem polnischen Ministerpräsidenten oder die Außenminister von Jamaika bis Liechtenstein..

Seine Leidenschaft für die Kochkunst legt der Chef auch zu Hause, bei seiner Familie, nicht ab. Die Fische, die er beim Hochseeangeln in Norwegen fängt, brät er selbst. Und ein Urlaub in Italien ist nur dann richtig schön, wenn da ein Haus mit Küche ist, ein Markt und das Vergnügen, bei einem guten Schluck Wein zu kochen. Kein Wunder, dass die zwei Söhne unter den vier Kindern nur einen Berufswunsch haben: Koch.

# Roulade vom Havelzander

***Zutaten:***
*4 große hellgrüne Wirsingblätter blanchieren,*
*400 g Zanderfilet, 250 g Lachsfilet,*
*200 g flüssige Sahne, etwas Salz*

*Dazu empfehlen wir als Beilage:*
*Mini Rote Bete, Mini Navetten, Petersilienwurzel,*
*Fingermöhrchen und Safrankartoffeln*

***Zubereitung:***
Das gut gekühlte Lachsfilet durch den Fleischwolf (feine Scheibe) drehen; Die flüssige Sahne mit dem Lachs vermengen, salzen, in den Mixer geben und ca. 2 Minuten aufarbeiten, dann auf Eis kühlstellen.
Die Lachsfarce auf die Kohlblätter streichen. Das Zanderfilet in Streifen schneiden und auf die Lachsfarce legen, salzen und frischgemahlenen Pfeffer darüber streuen, einschlagen und in Klarsichtfolie einwickeln.

*Sauce:*
aus Fischfond, süße Sahne, Riesling-Wein, Noilly-Prat, Salz und Butterflocken herstellen.

Kempinski
Hotel Bristol
BERLIN

# FRANK HOKAMP

greift nicht nach den Sternen. Die Auszeichnungen eines Guide Michelin oder Gault Millau sind für den gebürtigen Westfalen aus Lippe nicht der Himmel, nach dem er strebt. Der Chef vom Grill im Kempinski Hotel, Herr über zwölf Tische, drei Köche und drei Kellner, hat andere Maßstäbe für seine persönliche Zufriedenheit, und das ist die immer wieder kehrende Zufriedenheit seiner Gäste. Frank Hokamp, seit 1999 am Herd des intimen kleinen Restaurants in der Fasanenstraße, weiß genau, für wen er kocht. Er hat Stammgäste, und die sind ebenso traditionsbewusst wie das Haus, für das er arbeitet. Sein oberstes Ziel ist daher Beständigkeit. Und Erfolg ist, wenn es der alten Dame, die seit ihren jungen Jahren regelmäßig ins Kempinski essen kommt, immer noch schmeckt.

Die Tradition in der Kochkunst hat Frank Hokamp zuerst im „Lippischen Hof" in Bad Salzuflen mitbekommen. Unter der Obhut von „Opa Walter" wurde ihm in dem Familienbetrieb das Handwerkszeug so gut und gründlich beigebracht, dass sich der Jungkoch fortan den Feinschliff in den wirklich guten Hotels und Restaurants holen konnte: so im Hilton in Mainz, im Wasserturm in Köln oder auch im Käfer und im Hilton in Berlin.

Der Mann, der als Notenanalphabet seine Lieblingslieder auf der Drehorgel spielt, liebt das Schöne, das Alte – und das Traditionelle. Beruflich verabscheut er Schnickschnack. Ebenso wie „Märchen" auf der monatlich wechselnden Speisekarte. Frank Hokamp ist für Klarheit und Wahrheit. Bei ihm wird nichts verfremdet, weder die Wörter auf der Karte, noch das Essen auf dem feinen KPM-Geschirr. Salz, Pfeffer und Kräuter sind für ihn die wichtigsten Gewürze. Und was die Reinheit angeht: Gekocht wird nie ohne die traditionelle Mütze.

Oberstes Gebot ist ohnehin die Qualität der Produkte. „Was gut ist, ist einfach gut", findet der Chefkoch, dann darf es auch von weit herkommen, wie etwa der Hirschrücken aus Neuseeland. Dennoch probiert er auch gerne Neues aus. Seine Stammgäste sind dann Testesser: Was sie mögen, das bleibt. Was nicht, das verschwindet wieder von der Karte.

Eine Vorliebe hat der „Grill"-Chef vor allem für selbst kreierte Vorspeisen. Da passiert es dann schon mal, dass er seinen treuen Gästen lauter kleine Köstlichkeiten auf den Teller zaubert, die sie vorher noch nie so gesehen haben. Es ist eben einfach so, dass Frank Hokamp auch am Essen einfach das Schöne liebt...

# Dreierlei von der Wachtel mit Pinienkernen und Basilikum

(4 Personen)

***Zutaten:***

***Für das Wachtelmousse:***
*die Karkassen von 4 ausgelösten Wachteln,*
*3 Blatt Gelatine, 80 g Schalotten, 6 Nadeln Rosmarin,*
*10 g Butter, 300 g geschlagene Sahne,*
*200 ml flüssige Sahne, 200 ml Geflügelfond,*
*2 El Madeira, Salz, Pfeffer.*

***Für die gefüllte Wachtelbrust:***
*4 ausgelöste, plattierte, rohe Wachtelbrüste ohne Haut,*
*100 g Geflügelfarce, 6 Basilikumblätter,*
*einige rote Paprikastreifen, 1/2 l Geflügelglace,*
*1 El Pinienkerne, 1/2 l Geflügelfond.*

***Für die Wachtelsülze:***
*4 pochierte Wachtelbrüste ohne Haut und Knochen,*
*je 80 g blanchierte Karotten- und Selleriewürfel,*
*10 g Schnittlauchringe, 300 ml Geflügelessenz,*
*2,5 Blatt Gelatine*

***Zubereitung:***
Die Karkassen würzen und mit Rosmarin und Schalotten in Butter anschwitzen. Mit Madeira und Geflügelfond ablöschen. Die flüssige Sahne zugeben und im Ofen bei etwa 160 Grad um 1/4 einschmoren lassen. Die Flüssigkeit passieren, 3 Blatt Gelatine darin auflösen und abkühlen lassen. Dann 300 g geschlagene Sahne unterheben. In Formen füllen und kaltstellen.

Die plattierten Wachtelbrüste würzen und auf der Fleischseite dünn mit Geflügelfarce bestreichen. Auch die Basilikumblätter mit Farce bestreichen, mit der Paprika und einigen Pinienkernen belegen und einrollen. Das gefüllte Blatt als Kern auf die Wachtelbrust legen und einschlagen. In Alufolie zu einem Bonbon drehen. Die Wachtelbrüste im simmernden Gemüsefond ca. 5-6 Minuten garen. Die erkalteten Wachtelbrüste mit der Geflüglfarce überziehen.

*Wachtelsülze:*
Die Gelatine in der Geflügelessenz auflösen. Die gewürfelten Wachtelbrüste und das Gemüse schichtweise in Formen geben, mit der Geflügelessenz auffüllen und kaltstellen.

# HOLGER ZURBRÜGGEN

fühlt sich als Gastronom schon erblich vorbelastet. Der Vater besaß ein Restaurant im Münsterland, die Schwester wurde Hotelkauffrau, der Bruder kocht sich wandernd durch die ganze Welt. So wurde Holger Zurbrüggen die Leidenschaft fürs Kochen zwar in die Wiege gelegt, die Meisterschaft und die Einzigartigkeit seiner Kochkunst aber hat er durch Zielstrebigkeit, nicht endende Neugier und viele, viele Reisen in exotische Länder erreicht.

Gelernt hat der heutige Küchenchef im exquisiten Steigenberger-Restaurant „Louis" noch ganz traditionsbewusst im Heimatort Münster. Aber dann ging auch schon die Reise durch die Koch- und Stilrichtungen los: ein Sommer in Grömitz, um die Materie Fisch kennen zu lernen, ein Jahr als Commis de Cuisine im Hotel Atrium, Braunschweig, wegen der französischen Küche. Ein weiteres Jahr in Nordwalde im Münsterland, wo ein eigenes Wildgatter das Frischfleisch für die Wildküche lieferte.

Es folgten Freeport auf den Bahamas, wo Holger Zurbrüggen bahamisch kochen lernte, in Verbindung mit der Schweizer Küche, und schließlich 1989 Berlin: das „Hugenotten"-Restaurant im Hotel Interconti, das „Bocca" in der Marburger Straße (italienisch), das „Carpe Diem" (spanisch) und das Restaurant „Langhans" am Gendarmenmarkt, dessen Neueröffnung er als Küchenchef mitgestaltete. Dort begann er mit etwas für Berlin ganz Neuem, der euroasiatischen Küche. Sein Ziel: die Aromen der Mittelmeerkräuter mit denen asiatischer Gewürze zu verbinden.

Holger Zurbrüggen reizt das Neue immer wieder. Bevor er sich in Berlin niederließ, heuerte er auf der Segelyacht eines Hamburger Geschäftsmannes an und beköstigte auf dem Dreimaster zwischen Karibik, Kanada, Amerika und Europa sieben Monate lang zehn exklusive Gäste. Urlaub bedeutet für ihn, in fremde Küchen hinein zu schnuppern und kochend die Eigenheiten exotischer Kollegen kennen zu lernen – in Bangkok, Singapur, Laos, Vietnam, Kambodscha... Oder auch im „Gogärtchen" auf Sylt.

Im „Louis" hat er mit seiner eingeschworenen dreiköpfigen Crew einen japanisch-italienischen Stil kreiert. Nach 20 Jahren Reiseerfahrungen weiß er, welche Aromen zusammenpassen, wie man auf elegante Art eine gesunde Harmonie erreicht und mit ungewöhnlichen Zusammenstellungen auf der Zunge des Gastes eine Geschmacksexplosion erzeugt, die dieser nicht so schnell vergisst.

# Frittierte Rotbarbe mit Gemüsenudeln auf Zucchinicarpaccio

(4 Personen)

***Zutaten:***
*4 Rotbarben a 350 g, 2 Zucchini,*
*1 Karotte, 1/2 rote Paprika,*
*1/2 Tarowurzel gekocht im Asialaden erhältlich,*
*80 g Glasnudeln, 3 cl Sushiessig, 2 Stk. Frühlingslauch,*
*6 cl Olivenöl, 2 cl Sesamöl, 2 cl klare Fischsauce,*
*Salz und Pfeffer, 1 Zweig Koriander, 1 Zitrone,*
*50 g Tempura, 120 ml Pflanzenöl*

***Für die Vinaigrette:***
*1 rote Zwiebel, 1 Zweig Minze, 1/2 Zweig Koriander,*
*1 Limette, 1 Zitrone, 1 rote große Chili,*
*1 TL Rohrzucker, 5 cl Olivenöl, 2 cl Pflanzenöl,*
*Salz, Pfeffer*

***Zubereitung:***
Die Rotbarben schuppen, am Bauch öffnen und ausnehmen. Die Mittelgräte so entfernen, dass der Rücken nicht durchtrennt wird. Durch die Kiemenklappen mit einer Pinzette die Kiemen entfernen. Den Fisch dann innen leicht salzen und mit etwas Zitronensaft beträufeln.
Für den Glasnudelsalat Karotte, Paprika, Tarowurzel und den Lauch in dünne Streifen schneiden. Die Glasnudeln ca. 2-3 Minuten in kochendem Salzwasser garen, danach kalt abspülen.
Aus Olivenöl, Sesamöl und der klaren Fischsauce sowie Salz, Pfeffer, etwas Zitronensaft und dem gehackten Koriander eine Marinade zubereiten. Das Gemüse und die Glasnudeln miteinander mischen und die Marinade dazugeben. Für das Zucchinicarpaccio die Zucchini längs in dünne Streifen schneiden und jeweils 8-10 Streifen zu einer Matte flechten. Auf Backpapier legen, salzen, pfeffern und mit etwas Olivenöl bestreichen. Dann im Backofen kurz garen.
Nun den Fisch auf beiden Seiten etwas einschneiden, in Tempuramehl wenden, abklopfen und in einer heißen Pfanne mit viel Öl von beiden Seiten scharf anbraten. Das fertige Carpaccio auf einen Teller legen, darauf den Fisch mit dem Glasnudelsalat anrichten.
Für den Dip die rote Zwiebel in feine Streifen schneiden, die Chilischote würfeln und alles mit gezupfter Minze, Rohrzucker, Limettensaft, etwas Essig und der Fischsauce vermischen.

MARGAUX

# MICHAEL HOFFMANN

half schon als Kind gern in der großelterlichen Landwirtschaft, bei der Ernte oder im Garten. Fürs Fahrradreparieren hatte er nie ein Händchen, dafür um so mehr für das Einkochen von Obst und Marmelade. Mitten im Wald, sagt der heutige Wahlberliner, sei er groß geworden – nämlich im nordhessischen Dietzhölztal auf halbem Wege zwischen Frankfurt und Köln. Und darüber ist er heute noch froh. Ebenso über seine Ausbildung als einziger Lehrling in dem kleinen familiären Landhotel von Manfred Weise – der Ziehsohn vom Chef. So lernte er solides Handwerk von der Pieke auf, ging in die Kühlkammern der Jäger, um Hirsche und Rehe aus der Decke zu schlagen, arbeitete nebenher beim Metzger, um auch das Schlachten kennen zu lernen.

Michael Hoffmann möchte immer alles ganz genau wissen: wo die Produkte herkommen und wer sie macht. In den Ferien oder zwischen zwei Engagements als Saisonkoch in Schweizer Ferienorten ging er zur Olivenernte in die Toskana, schaute sich das Affinieren von Käse in Straßburg an, reiste mit dem Geflügelpapst Jean-Claude Mirale herum, um dessen Bressehühner im Ausland zu präsentieren. Seit er in der Bretagne die Fischer begleitete, die auf hoher See Wolfsbarsche angelten, versteht er, warum es eben manchmal keine gibt.

Drei besternte und begnadete Köche haben Michael Hoffmann nach seinen Anfangsjahren entscheidend geprägt, jeder auf seine Weise: Lothar Eiermann, der ihn als Sous-Chef beschäftigte, Eckart Witzigmann (in der „Aubergine" war er ebenfalls Sous-Chef) und Josef Viehhauser in Hamburg, bei dem er „Le Canard" führen durfte. Und bereits mit 28 war er reif, die Küche des Hamburger Traditionshotels „Vier Jahreszeiten" zu leiten.

Das „Margaux" am Pariser Platz, im April 2000 eröffnet, wurde die 17. Stelle für den vielfach ausgezeichneten Meisterkoch, nachdem er es selbst mit konzipiert und eingerichtet hatte. Drei Jahre später hat er es gekauft und regiert nun sein eigenes Reich von der Küche aus, unter einem Markennamen, den er sich hat patentieren lassen: Cuisine Avantgarde Classique. Soll heißen: traditionelle Küche, zeitgemäß umgesetzt. Puristisch nennt Hoffmann seine Küche auch. Alles dreht sich hier ausschließlich um das Produkt, das artgerecht sein und mit der Natur in Einklang stehen soll. Der Schwerpunkt liegt auf Fisch, Wildkräutern und Gemüsen. Die Karte wechselt täglich. Um in den vollen Genuß der philosophisch angerichteten Geschmacksbestandteile auf dem Teller zu kommen, braucht der Gast hin und wieder Anweisungen vom Kellner. Auch Genießen will gelernt sein. Und übrigens: Hobbyköche können bei Michael Hoffmann in die Schule gehen. Immer drei Stunden am Samstag Vormittag.

# – Chapeau Rascasse –
# Wassermelone in Essig / Stockfischcreme

(4 Personen)

***Zutaten:***
*1 Stk. Chapeau Rascasse (2 kg), Wassermelone in Essig,*
*1/2 Wassermelone, 1/4 l Champagner, 12 g Meersalz,*
*50 ml Paprikaessig, 10 g Butter,*

***Aromaten:***
*Thymian, Lorbeer, Rosmarin, Safran,*
*Meersalz, Grüner Pfeffer*

***Gewürze:***
*12 Bl. Basilikum, 4 Zehen Knoblauch,*
*2 Lorbeerblätter, 4 Thymianzweige, 1 TL Mehl,*
*Olivenöl, Meersalz, Grüner Pfeffer*

***Für die Stockfischcreme:***
*1 Stk. Stockfisch (2-3 kg), 1 Stk. Fenchel,*
*2 St. Lauch, 8 Schalotten, 3 Tomaten, 3 rote Paprika,*
*1 Chilischote, 3 Kartoffeln, 5 Zehen Knoblauch,*
*2,5 l Aigo Boulido, 500 ml Olivenöl*

***Zubereitung:***
*Stockfischcreme:*
Alle Zutaten kalt aufstellen. Die Aromaten in ein Teesieb geben und ca. 1,5 Stunden leise köcheln lassen. Die Aromaten entfernen. Die Sauce in einem Mixer pürieren, passieren und mit 200 ml. Olivenöl montieren.

*Wassermelone in Essig:*
Die Melone von der Schale befreien, 4 Spalten rausschneiden, die frei von Kernen sind, den Rest der Melone grob würfeln und mit dem Champagner und dem Meersalz einkochen, mixen und passieren. Den Essig und das Melonenpüree mischen. Die Melonenspalten darin garen und mit der Butter den Fond binden, mit grünem Pfeffer würzen.

*Chapeau Rascasse:*
Schuppen, grätenfrei filieren und portionieren.Die Haut zieselieren und mit Mehl bestäuben, das Mehl wieder abklopfen. In Olivenöl nur auf der Hautseite kross braten. Die Fleischseite mit Knoblauch, Lorbeer und Thymian belegen. Im letzten Moment vor dem Garpunkt etwas Butter zugeben. Die Aromaten von Fisch nehmen, würzen und arosieren.

Die Basilikumblätter lediglich mit kaltem Olivenöl marinieren.

Marriott
BERLIN

# JENS JÜTTNER

konnte die Golfschläger noch nicht einmal auspacken. Zwölf Jahre im Ausland, dann nach Berlin berufen, hat der Mann aus Wolfsburg eine arbeitsintensive Aufgabe zu schultern: Seit März 2004 ist er dabei, mit dem Midtown Grill die Gastronomie des noch jungen Luxushotels Marriott am Potsdamer Platz aufzubauen.

Dabei ist das Marriott ein altbekannter Arbeitgeber für Jens Jüttner: Für dieselbe Kette hat er schon auf den Bermudas gekocht und später in Costa-Rica. Dazwischen lag das Shangri-La auf den Fidschi-Inseln, später kamen noch Interconti-Hotels hinzu – zuerst in Rio de Janeiro, dann auch das in Costa-Rica.

Der Wolfsburger mit dem Doppelberuf – Koch und Konditor – ist auf Reisen gewesen, seit er seine beiden Lehren in Hamburg abgeschlossen hatte – die erste im Atlantik Hotel, die zweite in einem der besten norddeutschen Cafés, dem Cadera. Dem Intercontinental in Paris folgte das in Berlin, und die erste Stelle als Sous-Chef bot sich in Bremen, im Restaurant Meierei des Parkhotels.

Später in Lateinamerika hat er die Erfahrungen gesammelt, die heute in seine Küchenarbeit einfließen. Gemeinsam mit seinen 25 Köchen im noch einzigen Restaurant des Marriott entwickelt Jens Jüttner Spezialitäten aus Süd- und Mittelamerika, die man hierzulande noch nicht so kennt. Ceviche beispielsweise, den rohen, in Limettensaft marinierten Fisch, den man in Guatemala anders kombiniert als in Ecuador und in Peru wieder anders als in Costa Rica. Der Deutsche mit dem Hang zur Latino-Küche liebt es, mit einfachen Produkten große Effekte zu erzielen. So zum Beispiel, wenn er Auberginen so püriert, würfelt oder mixt, dass niemand mehr die Aubergine erkennen würde. In Brasilien machte er Furore mit Jilo, der Frucht für arme Leute, die er als Dip zu einer Köstlichkeit verzauberte.

Auch im Midtown Grill, dem Steakhaus für feine Gaumen, erlebt man Überraschungen. So sorgt das „Culinary Team of Excellence", wie Jüttner seine Mannschaft nennt, mit simplen Rippchen für ganz neue Geschmackserlebnisse: Schweinerippchen orientalisch, jamaikanisch, nordamerikanisch oder auch kubanisch. Nach den Sternen des Michelin greift der Koch damit aber nicht. Er weiß genau: Den ersten zu erreichen ‚kostet noch viel mehr Schweiß, als ihn zu halten. Seine costa-ricanische Frau und die beiden Kinder in Zehlendorf sehen ihn so schon kaum. Und der Golfplatz erst recht nicht.

# Grüne-Bananen-Körbchen mit Hummer-Kartoffelpüree und Rote-Beete-Sauce

***Zutaten:***

***Für die Vinaigrette:***
*3/4 Tasse Rotweinessig, 1/2 Tassen Olivenöl,*
*1/8 Tasse Dijon-Senf, 1/2 Esslöffel Salz,*
*Mit einem Schneebesen alle Zutaten zusammenrühren*

***Für die Rote-Beete-Sauce:***
*1/2 Tasse gekochte rote Beete ohne Haut,*
*1/2 Tasse Rotweinessig, 1 Tasse Sonnenblumenöl,*
*1 Esslöffel Dijon-Senf, 1/4 Tasse weiße Zwiebeln, gehackt;*
*Salz und Pfeffer je nach Geschmack*

***Für das Brunnenkresse-Öl:***
*1 Tasse Brunnenkresse, nur die Blätter;*
*1/3 Tasse Sonnenblumenöl, 1/4 Teelöffel Salz,*
*1 Knoblauchzehe geschält*

***Für das Kartoffelpüree mit Hummer:***
*500 g mehlig kochende Kartoffeln ohne Haut (z.B. Irmgard),*
*50 g flüssige Butter, 1 Prise Muskatnuss,*
*100 g heiße Sahne, 100 g gekochtes Hummerfleisch in Würfel (1 cm) geschnitten, Salz nach Geschmack*

***Zum Dekorieren:***
*6 Kirschtomaten,*
*12 rohe Spaghettinudeln, goldbraun frittiert;*
*1/4 englische Gurke, in dünne Scheiben geschnitten;*
*2 große grüne Kochbananen (plainatain),*
*2 rote Radieschen in Scheiben geschnitten,*
*40 g Karotten Julienne,*
*300 g gemischter Blattsalat je nach Belieben,*
*1,5 Liter Öl in einem Topf zum Frittieren,*

***Zubereitung:***
*Vinaigrette:*
Mit einem Schneebesen alle Zutaten zusammenrühren.

*Rote-Beete-Sauce:*
Bitte alle Zutaten in einen Barmixer geben und gut pürieren.

*Brunnenkresse-Öl:*
Die Brunnenkresse blanchieren und im Eisbad abschrecken. Alle Zutaten in einem Barmixer vermengen bis die gewünschte Konsistenz erscheint.

*Kartoffelpüree mit Hummer:*
Die Kartoffeln im Salzwasser weich kochen und das Wasser abgießen. Die Kartoffeln mit einem Kartoffelstampfer pürieren, vorsichtig Butter und Sahne hinzugeben und vermengen bis eine homogene Paste/Püree entsteht. Die Kartoffeln mit dem Salz und der Muskatnuss abschmecken und das Hummerfleisch hinzufügen. Das Püree wird lauwarm serviert.

*Bananen-Körbchen/Ring:*
Die Bananen schälen und längs auf der Schneidemaschine in dünne Scheiben schneiden. Die Bananenscheiben zu einem Kreis formen, die Enden mit einem Zahnstocher fixieren und das Körbchen/den Ring frittieren, bis es (er) knusprig und goldbraun ist. Ein wenig abkühlenlassen und den Zahnstocher entfernen.

*Zusammensetzung des Salates:*
6 bis 8 Gurkenscheiben in Kreisform auf die Mitte des Tellers legen. Auf die Gurken einen Bananenring setzen und mit einem Viertel des Kartoffelpürees füllen. Drei frittierte Spaghettistangen wie ein Dreieck zwischen Püree und Bananenring stecken. Den mit der Vinaigrette marinierten Salat (viertel Menge) auf das Püree geben und 3 bis 4 Scheiben Radieschen und ungefähr 10 g Karotten Julienne darauf plazieren. Dann nacheinander die Rote-Beete-Sauce und das Brunnenkresse-Öl auf den Teller geben, jeweils einmal um das Kunstwerk herum. Zum Schluss 3 Kirschtomatenhälften als Dekoration auf den Teller legen.

# MANFRED OTTE

profitiert seit über 40 Jahren von der christlichen Seefahrt. Denn in den zwei Jahren, die er als abenteuerlustiger, junger Konditorgeselle die Weltmeere bereiste, lernte er die Menschen kennen, die ihm in all den späteren Jahren halfen, seine diversen Unternehmen in der Heimatstadt Berlin zu führen.

Als der ältere von zwei Bäckersöhnen in einem Charlottenburger Familienbetrieb wurde der 16jährige 1955 kurzerhand in die Schweiz geschickt, um das Konditorhandwerk zu lernen. Die Eltern müssen sein Talent erkannt haben: die Lehre schloss er als Bester ab, und das als Deutscher in der Schweiz. Sechs Jahre lang trieb er sich danach tortenbackend in der Weltgeschichte herum, verwöhnte Süßschnäbel in Brüssel und Paris und fuhr schließlich zur See, lernte 58 Länder kennen. Hin und wieder machte er für eine Weile Station: in Japan, auf einer Farm in Afrika (Côte d'Ivoire) auch mal in Holland und Hamburg. Schließlich rief die elterliche Bäckerei in Berlin, die er 1964 übernahm.

Doch das genügte dem umtriebigen Konditor noch längst nicht. Ein Wiener Bäcker auf See hatte ihn auf die Idee gebracht, Wiener Torten und Süßspeisen nach Originalrezepten herzustellen, und er vertrieb sie selbst. Das Wiener Caffeehaus (so geschrieben nach Mozartschem Vorbild) in der Reichstraße 81 machte den Anfang. Dann folgte ein Caffeehaus dem anderen – an fünf Stellen der Stadt. Und überall wurde auch produziert. Bis Manfred Otte 1991 am Roseneck die Stadtküche Raak mit übernahm und zur zentralen Backstube machte.

Dass allerdings ein Café ohne Vollküche in Berlin nicht läuft, merkte der untenehmungslustige Süßspeisenspezialist schnell. Fortan wurde in allen seinen Häusern auch gekocht. Die alten Bekanntschaften von der Seefahrt halfen mit ihren Küchenerfahrungen, während er im Gegenzug in ihren Hotels und Restaurants die Patisserien aufbaute.

Die größte Herausforderung aber kam nach dem Mauerfall, als Otte das Opernpalais übernahm und plötzlich mit 40 Köchen und fünf gastronomischen Einrichtungen in dem großen Haus dastand. Allein im Prinzessinnengarten wollen mitunter 500 Gäste gleichzeitig verköstigt werden. Doch dem Patissier im Rentenalter, 35 Jahre lang begeisterter Hobbyflieger, macht sein Betrieb immer noch Spaß. Und er will weitermachen, bis seine fünf Kinder übernehmen. Die Älteste ist bereits im Geschäft – als vierte Generation im Familienbetrieb.

# Grillparzertorte

***Zutaten:***

***Für den Boden:***
*150 g Butter, 6 Eigelb, 125 g Puderzucker,*
*1 Vanilleschote, 1 TL Rum, 150 g Weizenmehl,*
*150 g Kuvertüre, 6 Eiweiß, 120 g Kristallzucker,*
*Mandelgrieß*

***Für den Mürbeteig:***
*40 g Zucker, 80 g Butter, 120 g Weizenmehl,*
*etwas Zitrone und Vanille*

***Für die Füllung:***
*250 g Marzipan-Rohmasse, 150 g Mandarinenfilets,*
*etwas Orangensaft, 100 g Sahne, 100 g Kuvertüre,*
*100 g Vollmilchschokolade, 100 g Butter,*
*30 g Aprikosenkonfitüre*

***Für die Garnitur:***
*250 g Marzipan, 200 g Kuvertüre, Canache,*
*Krokant, Puderzucker*

***Zubeitung:***
Für den Mürbeteigboden die Butter mit dem Zucker verkneten, die Gewürze zugeben und das Mehl unterkneten.
Den Teig für mindestens zwei Stunden in den Kühlschrank stellen, dann ausrollen und bei 180 °C backen.

*Den Boden – am bestem am Vortag – anschlagen:*
Butter und Puderzucker schaumig schlagen, die ausgekratzte Vanille und Eigelb einzeln dazugeben. Die Kuvertüre im Wasserbad auflösen und unter die Masse heben. Das Eiklar zu Schnee schlagen und den Zucker unter den Schnee heben. Zuletzt das Mehl unter die Masse heben und die Masse in eine gebutterte und ausgemandelte Form von Ø 24 cm geben, bei 190 °C ca. eine Stunde fertig backen. Der Boden ist gut, wenn er einen leichten Druck erwidert.

*Marzipanfüllmasse:*
Marzipan mit den Orangenfilets verrühren und soviel Orangensaft zugeben, dass die Masse streichfähig ist.

*Canachefüllmasse:*
Sahne mit der ausgekratzten Vanilleschote aufkochen und die kleingehackte Kuvertüre und Vollmilchschokolade sofort hineinrühren, abkühlen lassen und mit der Butter aufschlagen.

*Tortenaufbau:*
Den Mürbeteigboden mit der Aprikosenkonfitüre bestreichen und einen des in vier gleichmäßige Scheiben geschnittenen Boden auflegen. *2/3* der Canachemasse aufstreichen und den zweiten Boden auflegen. Eine Hälfte des Orangenmarzipans kuppelförmig auf dem Boden verteilen und den nächsten Boden auflegen. Restliche Orangenmasse aufstreichen und den letzten Boden auflegen, danach die Torte mit Canache einstreichen.
Das Marzipan dünn mit Puderzucker ausrollen und über die Torte legen, andrücken, den überstehenden Rest abschneiden und zu einer Rolle formen. Kuvertüre klein raspeln, *2/3* im Wasserbad auflösen, restliche Kuvertüre unterrühren, bis sich alles aufgelöst hat. Torte mit Kuvertüre überziehen und direkt mit Krokant rändern, in beliebige Stücke einteilen.
Mit dem restlichen Canache die Torte ausgarnieren und mit der in Scheiben geschnittenen Marzipanrolle belegen.

park inn
Berlin-Alexanderplatz

Park Inn Berlin-Alexanderplatz
Alexanderplatz
D-10178 Berlin

Tel.: (0 30) 23 89-0

Restaurant Juliette
CUISINE FRANCAISE

Restaurant Juliette
Jägerstraße 39
14467 Potsdam

Tel.: (03 31) 270 17 91

relexa hotels
Die feine Art
relexa Schlosshotel Cecilienhof

Schlossrestaurant
– relexa Schlosshotel Cecilienhof –
Neuer Garten
D-14469 Potsdam

Tel.: (03 31) 37 05-0

Restaurant
Schloß Glienicke
Remise

Remise
– Restaurant Schloß Glienicke
Königstraße 36
D-14109 Berlin

Tel.: (0 30) 805 40 00

restaurant
44
am ku'dammeck

Restaurant 44
– Swissôtel Berlin –
Augsburger Straße 44
D-10789 Berlin

Tel.: (0 30) 220 10-0

SCHLOSSHOTEL
im Grunewald

Vivaldi
– SCHLOSSHOTEL im Grunewald –
Brahmstraße 10
D-14193 Berlin

Tel.: (0 30) 895 84-0

# KLAUS RECH

verantwortet am Alexanderplatz eine der größten Küchen der Berliner City. Als Küchendirektor hat der Baden-Württemberger im Park Inn Berlin-Alexanderplatz die Oberhand über gleich drei Restaurants, ein Bistro, einen Biergarten sowie den umfangreichen Catering-Service des Hauses. Eine beachtliche Vielfalt an großartiger Gastronomie will abgedeckt sein: vom internationalen Buffet im „Humboldt´s“ über saisonale Akzente der Berliner und Brandenburger Küche in der „Zille-Stube“ und traditionelle Biergartenspezialitäten im „Zille-Garten“, Snacks und raffinierte Kleinigkeiten in der „Alexander Bar & Lounge“ bis zur anspruchsvollen internationalen Küche im „Club & Bar 37“, ganz oben im 37. Stock mit atemberaubendem Blick auf die Großstadtlichter Berlins. Dekorative Menüs mit mehreren Gängen bis zu leichtbekömmlichen Kreationen für Tagungsteilnehmer setzen Kenntnisse in verschiedenen Bereichen voraus.

Um so wichtiger ist es, dass er sich auf seine engagierte Küchenmannschaft voll und ganz verlassen kann: 23 ausgebildete Köche braten, backen und kochen, vier Sous-Chefs gehen ihm zur Hand. Darüber hinaus steht der Kenner der kreativen Küche auch selbst am Herd – täglich. Ebenso wie er jeden Tag die Runde an den Gästetischen macht, um sich Lob und eventuelle Kritik abzuholen: als Bestätigung und Belohnung für die Anstrengungen und Ansporn für weitere Herausforderungen.

Es ist die Größe, die den Küchenmeister von jeher fasziniert hat. So hat er seine erste Stelle als Chef – nach der Ausbildung in Oberboihingen und Stuttgart und den Wanderjahren durch Schwarzwald, Schweiz und Elsaß – im Europapark von Rust (Baden-Württemberg) angetreten und war dort für zwei Erlebnishotels gleichzeitig zuständig. Nach vier Jahren Freizeitgastronomie wartete die Fünf-Sterne-Küche im Intercontinental Berlin.

Der Aufstieg zum Executive Chef im Park Inn Berlin-Alexanderplatz (seit Mai 2003) ist da eine weitere Station auf der Karriereleiter. Hier pflegt der Marathonläufer seine Vorliebe für die gesundheitsbewusste, leichte Küche, für frische Gartenkräuter, mediterrane Gemüsesorten und asiatische Gewürze.

Im „Humboldt´s“ wird in einer Show-Küche live vor den Gästen gekocht. Genau das und die Größe des Unternehmens mit seinen 1.006 frisch renovierten Business-Class-Zimmern machen den Reiz aus für den Küchenmeister. Und wenn 250 sonntägliche Brunch-Gäste zufrieden sind, ist er glücklich in „seiner“ Küche.

# Seeteufel mit jungem Spinat an Limonenjus

(4 Personen)

***Zutaten:***

*4 Stk. Seeteufelmedaillons à 150 g küchenfertig, Salz, Pfeffer, 2 EL Olivenöl, 2 EL Butter, 2 Thymianzweige, 2 Knoblauchzehen*

*300 g junger Spinat, 4 Frühlingszwiebeln fein geschnitten, 2 El Butter, Salz, Peffer, Muskat*

*120 ml Olivenöl, 4 Scharlotten in kleine Würfel geschnitten, 12 große Kapernäpfel halbiert, 2 Limetten, 2 Stk. von einer jungen Knoblauchknolle (ausgebrochene, aber nicht geschälte Knoblauchzehen)*

*2 Thymianzweige, 120 ml Weißwein, 120 ml Kalbsfond, 80 ml Tomatenbrühe, 16 Kirschtomaten enthäutet, gezupfte Blätter von 2 Basilikumzweigen*

***Zubereitung:***

Die Seeteufelmedaillons mit Salz und Pfeffer würzen, in der Pfanne rundum in Olivenöl und Butter glasig braten, dabei zum Schluss den Thymianzweig und Knoblauch zugeben.

Spinat putzen und waschen. Frühlingszwiebeln in Butter anschwitzen, Spinat zugeben, würzen, 2 Minuten dünsten. Abschmecken, beiseite stellen.

In einem Bräter im Olivenöl die Scharlotten mit den Kapern, Knoblauch und Thymian anschwitzen. Weißwein zugießen und einkochen. Nun mit Kalbsfond und Tomatenbrühe auffüllen und auf die gewünschte Konsistenz reduzieren.

Kirschtomaten in dem Fond 1 Minute mitkochen, zum Schluss die Kräuter, Limonenfilets und Olivenöl unterrühren, die Sosse abschmecken.

*Serviervorschlag:*

Das Seeteufelmedaillon auf einem Wildreissockel anrichten und mit dem jungen Spinat und den Tomaten umlegen.

relexa hotels
Die feine Art

**relexa Schlosshotel Cecilienhof**

# STEPHAN BULLERJAHN

war schon als Junge in Flensburg nicht aus Mutters Küche rauszukriegen. Und als der ältere Bruder Koch lernte, war ihm klar: er hätte das größere Talent dazu. Er hat Recht behalten. Der Bruder hat längst umgesattelt, Stephan Bullerjahn aber schaffte es von den ersten Anfängen im Hertie-Restaurant von Flensburg in wenigen Jahren zum noch jugendlichen Küchenchef eines Gourmet-Restaurants, dem „Hemmingway“ im Berliner Grunewald.

Dabei machte der Jungkoch ziemlich weite Umwege. Denn gleich nachdem er in Glücksburg im Vier-Sterne-Hotel ausgelernt hatte – das Flensburger Kaufhaus war ausgebrannt, die Lehrlinge auf die Umgebung verteilt worden -, heuerte das Nordlicht auf dem ZDF-Traumschiff an, damals die MS Berlin, und bereiste anderthalb Jahre lang die Weltmeere. Und als er schließlich im Restaurant „Hugenotten“ des Berliner Interconti vor Anker ging und auch gleich seine (Hotelfach-)Frau traf, da war das Fernweh noch lange nicht gestillt. Die beiden bewarben sich nach Australien, blieben ein Jahr im Hilton von Brisbane und wechselten für die nächsten fünf Jahre ins Mercure Grand Hotel bei Sydney.

Seit 1996 tummelt sich Stephan Bullerjahn in Berlin und Potsdam. Anfangs als Sous-Chef im Cecilienhof, dann im Karl-Lagerfeld-Hotel „Vier Jahreszeiten“ im Grunewald und in der ehemaligen „Mensa Markus Semmler“ für Feinschmecker, gleich neben der Lützowbar. Im Jahr 2000 schließlich kehrte er als Küchenchef in das fürstliche Ambiente des Neuen Gartens zurück. Seitdem steht er von morgens bis abends am Herd des Schlossrestaurants und ist mit seinen 13 Köchen für alles zuständig: vom Frühstück für die Hotelgäste über die schnelle Mittagsküche für Touristen bis zur abendlichen Clientel mit der feinen Zunge. Dazu kommen noch die kleinen und großen Feiern in den vielen stimmungsvollen Bankettträumen des Schlosses. Am liebsten sieht sich der Chef dabei als Saucier – als Mittelpunkt und Dirigenten des turbulenten Küchenbetriebs. Und er legt Wert darauf, dass die Schnellesser im Hofgarten mit der gleichen Sorgfalt bekocht und bewirtet werden wie jene Gäste, die mehr Zeit und Geld aufwenden für ein stilvolles Abendessen in dem altenglischen Fachwerk-Schlößchen.

Die Bemühungen des zweifachen Vaters um eine gehobene Küche mit frischen, regionalen Produkten wird von den gängigen Restaurantführern mit Punkten, Prädikaten, Kochmützen und Bestecken honoriert. Auf eine Auszeichnung ist der vielfach nominierte Meisterkoch unter anderem besonders stolz: das ist der „Oskar der Gastronomie“, nämlich der 2003 verliehene Gastro-Award.

# Ruppiner Elblammrücken an Poweraden - Saubohnengemüse

(4 Personen)

***Zutaten:***
*1 kg Lammrücken mit langen Rippen,*
*Salz, Pfeffer, Olivenöl, Knoblauch*

***Zubereitung:***
Lammrücken von Fett und Sehnen befreien und die Knochen säubern, dann mit Salz und Pfeffer würzen und in einer Pfanne in Olivenöl scharf anbraten. 2-3 Knoblauchzehen hinzugeben und die Pfanne ca. 8-9 Minuten in einen 180 °C vorgeheizten Ofen stellen. Dann herausnehmen, etwas ruhen lassen bei 80 °C und bis zum Anrichten warmstellen.

***Für die Sauce:***
*Lammparüren, 2 Stk. zerdrückte Knoblauchzehen,*
*10 g zerstoßenen weißen Peffer,*
*100 g in Scheiben geschnittene Schalotten,*
*dunklen Balsamico, Rosmarinzweige,*
*200 ml Lammsaucen-Fond, 80 g kalte Butter*

Lammparüren und Pfeffer in etwas Olivenöl anrösten. Wenn alles beginnt Farbe anzunehmen, die Schalotten, Knoblauchzehen dazugeben und ebenfalls rösten. Dann das Öl abgießen und mit etwas Balsamico und dem Rotwein ablöschen, reduzieren lassen, bis keine Flüssigkeit mehr vorhanden ist. Jetzt den Lammfond, sowie die Rosmarinzweige hinzugeben und ebenfalls etwas reduzieren, passieren und mit der kalten Butter binden. Mit frisch gemahlenem Pfeffer und Salz abschmecken.

***Für die Parmesanringe:***
*100 g frisch geriebenen Parmesan, etwas Olivenöl*

Ein Backblech (vorzugsweise Teflon beschichtet) mit etwas Olivenöl bepinseln und darauf Bahnen des Parmesans, von ca 3 cm Breite und ca 15 cm Länge, flach verteilen. Das Blech unter einen Grill schieben und gold gelb backen, herausnehmen, etwas erkalten lassen. Dann jede einzelne Bahn aufnehmen und zu einem Ring formen und völlig erkalten lassen.

***Für das Gemüse:***
*240 g blanchierte, enthäutete Saubohnenkerne,*
*12 Stk. frische Poweraden (Miniartischocken),*
*Olivenöl, Salz, frisch gemahlener weißer Pfeffer,*
*gehackte Petersilie*

*Putzen der Artischocken:* obere Hälfte der Poweraden abschneiden. Das Stielende nach etwa 2-3 cm abschneiden, die restliche Stielhaut dünn abschälen. Dann die verbleibende Krone der Artischocke von außen etwas putzen und den inneren Kern mit einem Parisienneausstecher entfernen und geputzte Krone vierteln.
(Die Poweraden nach jedem Arbeitschritt in Zitronenwasser legen, damit verhindert man das schwarz werden). Poweradenviertel in Olivenöl langsam gar braten. Zu den Saubohnen gehackte Petersilie geben und mit Salz und gemahlenem weißen Pfeffer abschmecken.

***Anrichten:***
*Den Parmesanring auf den Teller stellen und mit einer Selleriecreme füllen. Den Lammrücken schneiden und vor dem Ring plazieren, davor das abgetropfte Gemüse anrichten und die Sauce auf dem Teller verteilen.*

# TIM RAUE

als echter Kreuzberger Junge wollte eigentlich nie Koch werden. Grafik-Design wollte er studieren, aber als er mit 16 einen Beruf ergreifen musste, um Geld zu verdienen, da sagte ihm jemand, dass auch Kochen etwas mit Kreativität zu tun habe. In der harten Schule des Chalet Suisse, seinerzeit erstes Ausflugslokal von Berlin, war davon noch nicht viel zu spüren. Aber dann ging Tim Raue nach Spanien, wo, wie er sagt, „heute die besten Köche herkommen". Und an den spanischen Kochtöpfen konnte sich der „junge Wilde" unter den späteren Meisterköchen austoben, Hier fand er die Lehrmeister, die ihm das boten, was er suchte: mit Freude und Esprit zu kochen, ohne Rücksicht auf Konventionen.

Zurück in Berlin, bescherte ihm das 1998 die Auszeichnung „Aufsteiger des Jahres" und, 23jährig, die erste Küchenchefstelle im damaligen Restaurant „Rosenbaum" am Prenzlauer Berg. Und das Nesthäkchen unter den Chefs gab weiter Vollgas: Berliner Meisterkoch 2000, drei Jahre Chef im Restaurant E.T.A. Hoffmann (Riemers Hofgarten), Mitglied der „Jeunes Restaurateurs d'Europe" und seit 2003 Leiter des Gourmetrestaurants im Swissôtel.

Zu Tim Raue kommt der Gourmet wegen seiner, wie er selbst es sagt, verrückten Ideen. Zuallererst werden die Geschmacksnerven des Gastes richtig eingestimmt, mit einer leicht scharfen Suppe als Gruß aus der Küche. Dann ist er empfänglicher für die Überraschungen, die auf ihn warten. Denn was er bekommt, ist nie das, was auf der Karte steht. Ein Salat ist nicht wirklich ein Salat. Tim Raue arbeitet mit Eis, Schaum oder Gelee, er karamellisiert Süßholz und macht aus Langusten Bouletten. Süße, Säure und Schärfe müssen in seiner Küche immer dabei sein, und damit sie leicht und bekömmlich bleibt, verzichtet er auf jegliche Sättigungsbeilagen.

Fleisch wird bei Tim Raue extra lang gegart, bis zu zwölf Stunden. Und er schwört auf das Vieh vom österreichischen Attersee, weil dort alles – Geflügel, Rinder, Lämmer – frei herumläuft.

Jeden Monat wird eine neue Karte geschrieben, zweigeteilt. Fürs Konventionelle gibt es die „Tradition", für das Experimentelle die „Evolution". Und jede Karte, verspricht der Meister, ist noch besser als die vorherige.

Sein gewaltiges Arbeitspensum kann der Dynamiker aber nur leisten, weil er seine Frau Marie-Anne immer dabei hat: Sie leitet den Service im Restaurant 44.

# Salat von Spargel, Äpfel und Radieschen mit frittierten Gambas

(4 Personen)

***Zutaten:***
*6 Stangen geschälten Spargel*
*(je nach Saison weisser oder grüner), einige Radieschen,*
*1 l Spargelfond, 200 g Spargel, 100 g Crème fraiche,*
*50 ml Zitronenöl, 100 g Joghurt, 2 saure Äpfel,*
*1 Zitronenblatt, 1 Blatt Gelatine, 4 EL Vinaigrette,*
*1 TL Lavendelblüten, 12 kleine Mittelmeer-Gambas,*
*50 g Mehl, 20 g Tandooripulver, 20 g Senfpulver,*
*20 g Salz*

*Löwenzahn, Kerbel und Schnittlauch zum Dekorieren*

***Zubereitung:***
*Apfelgelee:*
Das Zitronenblatt in feinste Streifen schneiden, die Äpfel auspressen und die Streifen 10 Minuten in dem Apfelsaft ziehen lassen. Dann abpassieren und mit der aufgelösten Gelatine binden, 3 Stunden kalt stellen.

*Lavendelvinaigrette:*
Die Vinaigrette mit denLavendelblüten über Nacht durchziehen lassen.

*Spargelgranité:*
1Liter Spargelfond mit 200 g Spargel verkochen, Crème fraiche und Zitronenöl dazugeben und pürieren, Joghurt hineingeben und in einem flachen Gefäß über Nacht in den Froster geben. Mit einem Löffel kratzen.

*Frittierte Gambas:*
Mehl, Tandoori-Pulver und Senfpulver mit dem Salz vermengen, die geschälten und entdärmten Gambas darin mehlieren und bei 180 °C ca 1 min frittieren.

Zuerst dünne Radieschenscheiben auf vier Teller verteilen, dann den in dünne Streifen geschnittenen, rohen Spargel darüber legen und mit je einem Eßlöffel Lavendelvinaigrette beträufeln. Mit Apfelgelee, Spargelgranité und den Gambas anrichten und mit den Kräutern dekorieren.

Restaurant Juliette

CUISINE FRANCAISE

# DIRK GÜTTES

wäre, wenn es nach seinem Vater ginge, heute in Uniform, als Polizist oder Grenzschützer. Doch der gebürtige Pfälzer wusste für sich etwas besseres. Schon als Zehnjähriger hat er in die Hotelküche seines Cousins in Bonn und in die exquisiten Töpfe seines Schwagers, der für Francois Mitterand kochte, hineingeschnuppert. Und noch bevor er seine Kochlehre im Hotel Hohenzollern in Bad Neuenahr-Ahrweiler begann, war er in einem anderen Restaurant am Ort zuständig für die kalte Küche am Wochenende.

Auch die Herren Offiziere des Fallschirmjägerbataillons in Koblenz hätten den begabten Wehrpflichtigen gern länger in Uniform gesehen, am liebsten zwölf Jahre lang. Vor allem seine vegetarischen Buffets während vieler Bundeswehrübungen an verschiedenen Orten beeindruckten die Generäle so, dass sie ihm die Bronze- und Ehrennadel des Verteidigungsministeriums einbrachten. Doch der damals 22jährige zog die zivile Küchenkunst vor. Drei Jahre lang bekochte er fortan Politprominenz im Hotel Lochmühle in Maischoss, dem Tagungshotel der CDU/CSU. Als es ihn schließlich 1998 nach Potsdam verschlug, begann er als Sous-Chef im Schlosshotel Cecilienhof, wurde noch im gleichen Jahr abgeworben vom „Juliette“ in der Jägerstraße, beerbte kurz darauf seinen dortigen Küchenchef, wechselte aber schon ein Jahr später in die Mensa Markus Semmler am Berliner Lützowplatz. Sein Nachfolger vom Cecilienhof hielt ihm solange die Stelle im Juliette warm, wohin er schon im Mai 2001, nach dem Mensa-Ende, zurückkehrte.

Dort, in dem putzigen, niedrigen Fachwerkbau von 1700 in der Potsdamer Altstadt, möchte er nun aber bleiben. Und etwas aufbauen. Denn so bescheiden dieses fast versteckte kleine Gourmet- Restaurant daherkommt – Dirk Güttes hat mit seinen fünf Köchen und drei Lehrlingen noch Großes vor. Die ersten Schritte sind gemacht: Eine Haube im Varta-Führer, zwei Hauben und 15 Punkte im Gault Millau und, ganz frisch, die Kür zum Brandenburger Meisterkoch 2004. Sein Motto heißt „frisch, exakt und leicht“. Jede Woche wird von den drei festen Menüs eines ausgetauscht. Und dabei wechseln nicht nur die Beilagen je nach Saison, sondern auch die Teller bei jedem Gang. Mal sind sie oval, mal eckig oder rund. Die Gäste schätzen das. Ebenso wie die familiäre Athmosphäre, die in dem intimen, alten Gemäuer herrscht: Küchenchef und stellvertretende Restaurantchefin sind auch privat ein Paar. Eines, das sich an freien Tagen daheim gern mit Pellkartoffeln und Quark begnügt. Oder aber, noch lieber, bei den Kollegen essen geht. Und in seiner Freizeit kennt der frischgebackene Meisterkoch nichts schöneres, als in Kochbüchern zu schmökern ...

# Gebratenes Adlerfischfilet mit Risotto „nicoise" und Artischocken

(4 Personen)

***Zutaten:***
*4 Stück Filet Adlerfisch à 120 g*
*(beim Fischhhändler vorbestellen),*
*100 g Risottoreis, 2 grosse Artischocken,*
*100 ml Gemüsefond, 50 ml Fischfond,*
*50 ml Weisswein, 10 ml Olivenöl, 1 Schalotte,*
*2 Tomaten (8 Tomatenfilets ohne Haut und Kerne),*
*30 g kleine schwarze Oliven, 2 Sardellenfilets,*
*10 kleine Kapern, 10 gekochte weisse Bohnen,*
*5 g gehackte Kräuter (glatte Petersilie, Basilikum),*
*20 g geriebener Parmesan, 20 g Butter*

***Zubereitung:***
*Risotto:*
Die Schalotte fein würfeln, in Olivenöl anschwitzen, Risottoreis zufügen und glasig anziehen. Mit Gemüsefond, Fischfond und Weißwein aufgießen und 8 min bei milder Hitze unter gelegentlichem Rühren garen. Auf ein kaltes Blech gießen und auskühlen lassen. Die ganzen Artischocken in Salzwasser bissfest garen. In Eiswasser abschrecken und küchenfertig verputzen. Aus den Tomatenfilets, Oliven, Sardellen, Kapern, Bohnen eine grobe Paste herstellen.
Adlerfischfilets auf der Hautseite mit einem scharfen Messer einschneiden. In Olivenöl kross anbraten und nachher in etwas Butter fertig braten. Risottoreis in etwas Mineralwasser erwärmen, „nicoise"-Paste unterrühren, mit Salz und Pfeffer abschmecken. Mit Parmesan und Butter „schlotzig" rühren und gehackte Kräuter unterheben. Geputzte Artischocken in kleine Stücke schneiden, erwärmen und abschmecken.

Risotto auf vorgewärmte Teller geben, gebratenes Adlerfischfilet darauf anrichten und mit den Artischocken dekorativ umlegen.
Hierzu passt eine mediterrane Safransauce.

# FRANZ RANEBURGER

feiert eine Hochzeit nach der anderen. Oder vielmehr: lässt sie feiern. Mit Stil, aber ohne Pomp in der ländlichen Einfachheit der „Remise" am Schloß Glienicke, an einem der schönsten und südlichsten Zipfel Berlins. Abends die Hochzeiten, mittags Empfänge für manchmal 1000 Personen, auf der Terrasse die A-la-carte-Bewirtung der Parkbesucher ...Der Wahlberliner aus Tirol tut sein Bestes, um sie alle zufrieden zu stellen – die Kaffe trinkenden Damen ebenso wie Babys und Radler, Botschafter, Bundeskanzleramt und Staatsbesucher.

Abwechslung hat der Österreicher schon immer gebraucht, seit er mit 14 Koch wurde. Erst gab er im Winter den Skilehrer, dann riss er im Sommer aus, fuhr auf dem Landweg nach Indien und Afghanistan. Aber dann, 1968, sollte es plötzlich Berlin sein, wo er sich mit seiner Frau niederlassen wollte. Im Sportpalast begann 1970 die Kochkarriere. Journalisten bauten die Brücke zum SFB, wo die Schreibtischtäter sechs Jahre lang in der Caféteria Schlange standen nach seiner frischen und leichten Kost.

Aber dann packte den Tiroler wieder die Reiselust: Quer durch Asien zog es ihn, nach Nepal, Burma, Thailand, Japan – acht Monate lang. Seine Frau lernte daheim inzwischen Hotelfachfrau. Beim zweiten Mal – inzwischen betrieb er mit ihr längst das Café Laubach in Friedenau – nahm er die neunjährige Tochter mit und zog mit ihr durch die Südsee, Australien und Amerika, ein ganzes Jahr lang. Bei der dritten Auszeit, das Café war inzwischen verkauft, blieb man in Australien im Hinterland, der Vater hielt sich einen Kräutergarten und kochte vegetarisch, die Tochter ritt mit eigenem Pferd zur Schule. Zu Weihnachten waren sie wieder zu Hause.

Dann kam die Sterne-Zeit: im „Bamberger Reiter" in Schöneberg, den er 1982 kaufte und 20 Jahre lang mit seiner Frau betrieb, wurde der leidenschaftliche Koch schon in der Anfangszeit mit einem Michelin-Stern überrascht. Das Arbeiten mit seinem Top-Team hat ihm gefallen. Nur brachte es kein Geld ein. Als die Stiftung „Schlösser und Gärten" die Glienicker Remise zur Pacht anbot, griff er daher zu. Hier verarbeitet der Fan der indischen Küche nun alles, was ihm in die Quere kommt: gerne Vegetarisches, aber auch das gute Lamm von der Müritz, den Ziegenkäse vom Carolinenhof bei Kremmen und aus dem übrigen Umland „alles, was kreucht und fleucht".

Franz Raneburger steht auch nach über 40 Jahren noch gern selbst am Herd. Und lässt sein Restaurant inzwischen von der Tochter managen, der er als kleines Mädchen so ausgiebig die Welt gezeigt hat.

# Provenzalisches Gemüse mit Paprikavinaigrette und Fetakäsekrokette

(4 Personen)

***Zutaten:***
*4 kleine Zweigtomaten, 4 kleine rote und gelbe Paprika,*
*4 kleine Poverade (Artischocken), 5 kleine Auberginen,*
*4 kleine Zucchini, 1 EL fein geschnittene Schalotten,*
*Olivenöl, Salz und Pfeffer aus der Mühle,*
*Thymian, Rosmarin, Knoblauch, Salbei, Basilikum,*
*100 g Gemüsefond*

***Für die Fetakrokette:***
*180 g Feta, 40 g geriebener Parmesan, 30 ml Milch,*
*1 Prise Backpulver, 1 Ei, 25 g Mehl,*
*1 Zehe feingehackter Knoblauch,*
*1 TL feingehackte Kräuter (Rosmarin und Thymian)*

***Für die Vinaigrette:***
*4 EL extra Virgin Olivenöl,*
*2 EL altem Balsamico-Essig,*
*Salz und Pfeffer aus der Mühle, 1 EL Gemüsefond*

***Zubereitung:***
Die Auberginen der Länge nach halbieren, auf der Schnittfläche einschneiden und in Olivenöl und Kräutern goldgelb anbraten.
Die Poveraden putzen, mit Knoblauch und den Kräutern in Olivenöl ohne Farbe anbraten, und etwas Gemüsefond dazu geben, zusätzlich würzen. Ca. 10 Minuten garen lassen. Die Zucchini klein schneiden, und ebenfalls in Olivenöl und Kräutern goldgelb anbraten, anschließend auf einem Küchenkrepp abtropfen lassen.

*Füllung:*
Die Paprika schälen, Paprika, Zucchini, Schalotten und Knoblauch in kleine Würfel schneiden.
Das gesamte kleingeschnittene Gemüse mit einem TL Olivenöl anbraten, die gehackten Kräuter vermengen, mit Salz und Pfeffer würzen, und anschließend beiseitestellen. Die Zweigtomaten in kochendem Salzwasser geben, und sofort mit Eiswasser abschrecken.
Bei einer Aubergine das Innere aus der Schale kratzen, etwas angebratenem Knoblauch, Rosmarin und Thymian kleinhacken, mit Salz und Pfeffer abschmecken. Die restlichen Auberginen damit füllen und mit dem gegrillten Scheiben belegen. Die Paprika schälen und mit dem kleingehackten, angebratenem Paprikagemüse füllen. Die präsierten Poveraden aushüllen und ebenfalls mit dem Gemüse füllen.

Zutaten mischen, und 1 Stunde kalt stellen.

Das frittierte Gemüse ca. 3 Minuten bei 170 °C im Backofen erwärmen.

Das Gemüse mit der Krokette auf dem Teller plazieren und mit der Vinaigrette marinieren.

# JÖRG BEHREND

hatte schon am Kartoffelschälen und Salatwaschen seinen Spaß. Und immer, wenn der Schüler daheim in Limburg an der Lahn im Restaurant eines Freundes der Eltern aushalf, durfte er den dortigen Köchen über die Schulter schauen. Er half immer häufiger. Und entdeckte dabei seine Liebe zum Kochen.

Mit der Gourmetküche, die Jörg Behrend seit Juli 2004 im Schlosshotel Grunewald betreibt, hatte das zunächst nicht viel zu tun. Gelernt hat er erst einmal gut bürgerlich in seiner Heimatstadt. Danach lockten die Berge: erst ein größeres Hotel im Allgäu, dann die Schweiz mit Zermatt und Davos. Zwischendrin musste der Jungkoch daheim seinen Wehrdienst ableisten. Er diente, indem er das Offizierscasino managte. Und kehrte nach der Schweiz in die Allgäuer Berge zurück, nach Sonthofen. Im dortigen „Sonnenalp Hotel und Resort" fühlte er sich so wohl, dass er sieben Jahre blieb. Wohl auch wegen seiner Frau Isabella, die er dort kennen lernte.

Doch irgendwann war die ländliche Ruhe dem ehrgeizigen Koch nicht mehr genug. Er suchte das Neue, den Kontrast. Ein Besuch in Hamburg brachte die Wende. Dort, fand das Ehepaar Behrend, würde es sich auch ganz gut leben lassen. Zufällig suchte das hochdekorierte Sternerestaurant des Hotels „Louis C. Jacob" einen neuen Sous-Chef. Jörg Behrend bekam seine Chance, auch ohne Erfahrungen im Gourmet-Bereich. Nach drei Jahren war er Küchenchef. Und er ist heute noch dankbar für das, was er an der Seite von Küchendirektor Thomas Martin dort alles lernen konnte.

Doch irgendwann wurde es Zeit, unter eigenem Namen zu kochen. Diese Bühne bietet dem Gourmet-Koch, der er inzwischen ist, nun das fürstliche Schloss im Grunewald mit seiner gesamten Gastronomie. Insbesondere im Restaurant „Vivaldi" versucht der Meister aus Hessen nun, das hohe Niveau seines sterngeschmückten Vorgängers Christian Lohse aufrecht zu erhalten. Eine französische Küche will er präsentieren, mit mediterranem Einfluss, klar und schnörkellos. Eine besondere Vorliebe gilt dabei den Krusten- und Schalentieren, weil sie so vielfältige Möglichkeiten der Zubereitung und der Geschmackszusammenstellung bieten. Sein Ziel ist es, die Stammgäste und Gourmets jeden Tag wieder neu in ihren Erwartungen zu bestätigen. Die größte Hilfe hat er dabei in seiner Frau Isabella, die ebenso motiviert wie kritisiert. Und für die nötige Entspannung sorgt an gemeinsamen freien Tagen. Jörg Behrend liebt es, einfach auszuspannen und den Tag mit seiner Frau zu genießen. Das Kochen überlässt er dann gerne ihr. Und begnügt sich wieder mit dem Kartoffelschälen.

# Gebratene Jacobmuscheln aus der Bretagne mit Fenchelpüree, Zitronen-Thymian Couscous und Sauce Bourride

(4 Personen)

***Zutaten:***
*12 Jacobsmuscheln in der Schale,*
*2 mittelgroße Fenchelknollen, 2 gelbe Paprika,*
*1 rote Paprika, 1 Stange Staudensellerie,*
*30 ml geschlagene Sahne, 4 Schalotten, 1 Limone,*
*4 reife Strauchtomaten, 2 Zehen Knoblauch,*
*100 ml Hummerfond, 300 ml Muschelfond,*
*200 ml Tomatenfond, 50 ml Gemüsefond, 50 g Butter,*
*100 g Couscous, 100 g gemischte Wildkräuter*
*(Girsch, Malve, Vogelmiere, Melde),*
*Fenchelsamen, Olivenöl, Pernod und Noilly Prat,*
*Weißwein, Salz, Cayennepfeffer, Kreuzkümmel,*
*einige Zweige Zitronenthymian und Rosmarin,*
*einige Safranfäden*

***Anrichten:***
*Den Couscous mittig auf dem Teller anrichten, und einem kleinen Wildkräutersalat aufsetzen. Die geschmorten Tomaten, das lauwarme Fenchelpüree sowie die gebratenen Jacobsmuscheln kreisförmig aufsetzen und in die Zwischenräume etwas Sauce Bourride angießen.*
*Als Garnitur einen Fenchelchip, etwas aufgeschäumte weiße Vinaigrette und Fenchelgrün verwenden*

***Zubereitung:***

*Fenchelpüree:*
Fenchelknollen und zwei Schalotten in feine Würfel schneiden, in Olivenöl anschwitzen, Thymian und Rosmarin, Fenchelsamen und einige Safranfäden hinzufügen. Mit Pernod ablöschen und mit wenig Sahne und etwas Gemüsefond auffüllen. Die Fenchelwürfel darin gar kochen, pürieren und durch ein Sieb streichen. In das Fenchelpüree etwas geschlagene Sahne und fein geschnittenes Fenchelgrün geben. Mit Salz, Cayenne, Limone abschmecken.

*geschmorte Tomaten:*
Die Strauchtomaten häuten, vierteln, und entkernen. Auf ein Backblech legen, salzen und pfeffern. Thymian und Rosmarin sowie etwas Knoblauch auf den Tomaten verteilen und mit etwas Olivenöl beträufeln. Die Tomaten bei 70 °C ca. zwei Std. im Ofen trocknen.

*Sauce bourride:*
Staudensellerie, Schalotten, Knoblauch und eine gelbe Paprika in etwas Olivenöl farblos anschwitzen.Die Safranfäden hinzufügen und mit Noilly Prat und Weißwein ablöschen. Mit Hummerfond und Muschelsud aufgießen. Im Mixer zerkleinern und durch ein feines Sieb passieren. Die Sauce um die Hälfte reduzieren, abschmecken und mit etwas Butter leicht binden. Geschälte und in feine Würfel geschnittene Paprika sowie etwas Basilikum hinzufügen, mit Salz, und Pfeffer abschmecken

*Couscous:*
Den Tomatenfond mit Kreuzkümmel, Limone, Senfpulver, Salz und Pfeffer würzen, erhitzen. Den Couscous hinzufügen und quellen lassen. Wenn der Couscous den gewünschten Garpunkt erreicht hat etwas Limonenabrieb, gehackten Zitronenthymian und Olivenöl zugeben.

*Jacobsmuscheln:*
Die Jacobsmuschen aus der Schale nehmen, säubern, leicht salzen und in einer heißen Pfanne kurz und scharf anbraten. Die Muscheln müssen innen noch glasig sein. Ein Walnussgroßes Stück Butter hinzufügen und die Muscheln damit übergießen.

SPECKERS
Gaststätte zur Ratswaage

Speckers Gaststätte zur Ratswaage
Am Neuen Markt 10
14467 Potsdam
Tel.: (0 33 31) 280 43 11

VIERSEITHOF****
Hotel, Restaurant & Weberstube

Am Herrenhaus 1/Haag 20
D-14943 Luckenwalde
Tel.: (0 33 71) 62 68-0

TRADER VIC'S

Trader Vic´s
– HILTON BERLIN –
Mohrenstraße 30
D-10117 Berlin
Tel.: (0 30) 20 23-0

VITRUM

Vitrum
– The Ritz-Carlton Berlin –
Potsdamer Platz 3
D-10785 Berlin
Tel.: (0 30) 337 77-63 40

VǍU
RESTAURANT

VAU
– Restaurant VAU –
Jägerstraße 54/55
D-10117 Berlin
Tel.: (0 30) 202 97 30

VOX

VOX
– Grand Hyatt Berlin –
Marlene-Dietrich-Platz 2
D-10785 Berlin
Tel.: (0 30) 25 53-12 34

SPECKERS
Gaststätte zur Ratswaage

# GOTTFRIED SPECKER

betreibt ein geschichtsträchtiges Haus im historischen Potsdamer Stadtkern : In dem alten Gasthof neben der ehemaligen Getreidewaage Am Neuen Markt wurden schon vor über 200 Jahren Kaufleute wie Käufer bewirtet. Seit 1998, nach gründlicher Sanierung des Knobelsdorffschen Baus und des ganzen Platzes, wird diese Tradition nun auf hohem Niveau fortgeführt. Dabei versucht der Chef in „Speckers Gaststätte zur Ratswaage“, vor allem ein guter Gastgeber in einer harmonischen Athmosphäre zu sein. Und Feinschmecker aus ganz Deutschland wissen seine Bemühungen zu schätzen. Daneben kommen dem Rheinländer aber auch die Relikte preußischer Geschichte sehr gelegen: So mancher Staatsempfang in den umliegenden Schlössern wird von ihm und seiner siebenköpfigen Küchenmannschaft ausgerichtet.

Dabei ist der quirlige Restaurateur nach einer wechselhaften Karriere eher durch Zufall erst in Berlin, dann in Potsdam gelandet. Lehr- und Wanderjahre hatte er noch in der Heimat, am Niederrhein und im Sauerland, absolviert. Doch dann tauschten der Jungkoch und seine Düsseldorfer Frau den heimischen mit einem spanischen Herd: Sieben Jahre lang bekochte er auf Gran Canaria im eigenen Restaurant prominente Gäste, eignete sich viel Fachwissen und die Sprache an. Erst die bevorstehende Einschulung der ältesten Tochter ins 60 km entfernte Las Palmas bewegte die Familie zur Rückkehr nach Deutschland.

Im Berlin der 80er Jahre erkannte Specker bald eine Marktlücke und machte sich selbständig: Die besten und frischesten Lebensmittel aus ganz Europa, so wusste er, bekam man auf dem Pariser Großmarkt. So machte er sich seine Fremdsprachen zunutze, fuhr zweimal wöchentlich mit einem 40Tonner hin und her, hatte seine Lieferanten in Paris und die eigenen Kühlhäuser in Berlin und belieferte die hiesige Topgastronomie.

Noch heute kauft der Chef gern selbst auf dem Großmarkt ein – Fleisch von Neuland, Fische nur geangelt oder gefangen, Obst und Gemüse je nach Saison. Und was im Winter nicht frisch zu haben ist, wird im Sommer eingeweckt: schwarze Nüsse, Kirschen in Essig, Aprikosen in Sirup, Früchte in Rum. Was in der Ratswaage auf den Teller kommt, entscheidet der Chef gemeinsam mit seinem Meister in der Küche, Steffen Johst. Interessant muss es sein, aber auch klar im Geschmack und vor allem leicht. Damit auch ein 6-Gang-Menü ein Genuss ohne Reue sein kann. Alle zwei bis drei Wochen ändert sich die Karte, ständig wird Neues ausprobiert. Die sechs Lehrlinge profitieren davon. Und den Gästen gefällt’s.

# *Bachsaibling auf Kraut mit Senfschaum*

***Zutaten:***
*1 frischer Bachsaibling 600 g, 50 g Wurzelgemüse,*
*150 g frisches Spreewälder Kraut,*
*Kümmel und Korianderbeeren, 1 Weißkohl,*
*1/2 Zitrone, etwas Butter und Milch,*
*50 ml Balsamico, 100 g Blattpetersilie,*
*50 g Senfkörner, Meersalz*

***Zubereitung:***
Bachsaibling filetieren, Kopf und Gräten für den Fond ansetzen.
Sauerkraut mit Wurzelgemüsewürfelchen kochen, mit gestoßenem Kümmel und Korianderbeeren ziehen lassen. Kohlblätter in leichtem Salzwasser blanchieren, abschmecken, in Quadrate schneiden, mit Sauerkraut füllen und mit Schnittlauch binden.
Saiblingfond abseihen, in eine mit Backpapier ausgelegte, flache Sauteuse füllen (etwas Fond übriglassen), den Saft einer 1/2 Zitrone und etwas Butter zugeben.

Senfkörner mit etwas Meersalz im Mörser zermahlen, mit Butter, Schalotten und Restfond einkochen, abseihen und mit frischer Milch (1:3) aufgießen und abseihen.

Balsamico einkochen. Petersilie waschen, trocknen, fein hacken und in einem nassen Tuch auspressen.

Saiblingfilet kurz pochieren, die Haut abziehen, längs teilen.

*Anrichten:*
Eine Linie vom Spreewälder Kraut aufdressieren, Saiblingsfilet anlegen.
Kohlroulade in geklärter Butter anbraten, mit Salz und Pfeffer würzen.
Einen Faden von gestoßenen Senfkörnern, Balsamicoreduktion und Petersilieninfusion auf dem Teller drapieren. Die Krautroulade abtropfen lassen und schräg zum Tellerrand anrichten.
Die Gewürzmilch erhitzen (nicht kochen) und schäumen, den Senfschaum zu den Filets anrichten.

TRADER VIC'S

# ROBERT CZESCHKA

mag Berlin, weil es so lebendig ist, und er kann es beurteilen: Der dynamische Wiener, der seine Küchenlaufbahn sehr zielgerichtet schon in einem Zwei Michelin Sterne Restaurant begann, hat in den letzten zehn Jahren kochend den Globus bereist, von Wien über New York und Florida nach Hongkong, Peking und in die arabischen Länder. Dabei hat er auch viel und gern in Asien gelebt. Seit Februar 2004 dirigiert er die 60 Köche in den sieben hauseigenen Restaurants und dem großen Bankettbereich des HILTON BERLIN am Gendarmenmarkt.

Seit seinen Anfängen im Palais Schwarzenberg in Wien und der Vervollkommnung bei dem 3-Sterne-Koch Jean Bardet in Chateauroux (Frankreich) war Robert Czeschka als begehrter und bewährter Executive Chef in den großen Hotels der Welt unterwegs. Zunächst waren es die Marriott-Hotels, die den umtriebigen Meisterkoch für sich gewannen, in Europa, den USA und Asien. Präsidenten und Staatsoberhäupter wie Bill Clinton durfte er ebenso verwöhnen, wie Pop- und Filmgrößen von Michael Jackson bis Schwarzenegger.

Dann kamen die schwierigen Missionen: Hoteleröffnungen der Sheraton-Kette in Zagreb, noch während des Balkankrieges, in El Gouna am Roten Meer, in Kairo, schließlich in Karachi, wo Sheraton die größte Hotelunternehmung in Zentralasien betreibt, mit bis zu 4000 Gästen im Bankett-Bereich. Hier galt es, die hohen Ansprüche der verwöhnten High-Society-Pakistan's zu befriedigen, die aus Europa die höchsten Standards kannten. Sein weiterer Werdegang führte ihn nach Riad (Saudi-Arabien).

Den Gästen im HILTON BERLIN weht mit Robert Czeschka an der Küchenfront, ein vielseitiger und frischer Wind entgegen. Zum Beispiel mit polynesischer Küche im Restaurant „Trader Vics und Mai Tai Bar“, wo auch Spezialitäten aus dem chinesischen Steinofen und südpazifische Menüs präsentiert werden. Oder auch im „Mark Brandenburg“, wo mit ganz alten Rezepten, die aus Omas Küche stammen und leicht modernisiert wurden, die typisch brandenburgische Küche wiederbelebt wird.

Fünf Sous-Chefs stehen dem Meister aus Wien dabei zur Seite – und eine starke Lehrlingstruppe: Die 30 angehenden Jungköche aus dem HILTON BERLIN gewannen bei Jugendmeitserschaften schon des öfteren Pokale. Ein bisschen wie Spitzensport empfindet Robert Czeschka seinen anspruchsvollen Job. Und so trainiert er regelmäßig, um sich durch Laufen fit zu halten.

# Traders Vic's Szechuan Prawns

(1 Person)

***Zutaten:***
*2 g Sonnenblumenöl,*
*195 g Shrimps gereinigt (geschält und entnervt),*
*50 g Zwiebel (3 cm grob würfelig geschnitten),*
*1 Zehe Knoblauch (in Scheibchen geschnitten),*
*20 g Roter Paprika – würfelig geschnitten,*
*20 g Grüner Paprika – würfelig geschnitten,*
*50 g Wasserkastanien gekocht und geschält,*
*50 g Bambusstreifen, 50 g Zuckererbsen-Schoten,*
*8 cl Chinesischer Wein Fah Chew, 10 dl Hühnerbrühe,*
*1/2 TL Soya-Sauce, 40 g Chilli-Sauce,*
*3 EL Ketchup, 1 g Stärkemehl Maizena,*
*Salz, Pfeffer von der Mühle, Zucker nach Geschmack*

***Zum Garnieren:***
*frische Korianderblätter und 10 g Frühlingszwiebel*

***Zubereitung:***
Man erhitzt das Öl im Wok und brät die Shrimps mit den würfelig geschnittenen Zwiebeln und Knoblauch an, hinzu kommt der Paprika, die Kastanien, Bambusstreifen sowie Erbsenschoten.
Das Gemüse wird nur kurz sautiert, um es kernig zu halten. Nun löscht man mit dem Chinesischen Wein und der Suppe ab, verfeinert mit Chilli-Sauce, Soya-Sauce, Ketchup und bringt mittels Stärkemehl die Mixtur auf die richtige Konsistenz. Abgeschmeckt wird mit Salz, schwarzen Pfeffer frisch gemahlen aus der Pfeffermühle, sowie mit etwas Zucker. Dekorativ angerichtet wird dieses Gericht im Trader Vic's Restaurant originell in einer Keramik-Muschel, mit in Streifen geschnittenen Frühlingszwiebeln und frischen Korianderblättern garniert, dazu reicht man traditionell gedämpften Jasmin-Reis.

VǍU

RESTAURANT

# KOLJA KLEEBERG

liebt die schönen Künste. Die Schauspielkunst, zum Beispiel. Aber auch die Musik. Zur Kochkunst kam der gebürtige Kölner mit Heimatstadt Koblenz erst als Spätberufener. Als nämlich aus dem Traum mit der Schauspielschule nichts wurde – nachdem er schon privaten Schauspiel- und Gesangsunterricht erhalten hatte und ein Jahr im Koblenzer Stadttheater beschäftigt gewesen war – da beschloss er mit 22, seine Kreativität auf andere Art auszuleben. In einem kleinen Restaurant in Bonn, als einziger Koch neben dem Patron, lernte er das Wesentliche – viel und schnell. Weitervermittelt ins „Le Marron", damals eins der ersten Häuser in Bonn, lernte er nicht nur Gäste kennen, die heute noch zu ihm kommen, sondern auch seine Frau, mit der er seit 1997 das „Vau" in der Jägerstraße betreibt.

Auf drei Jahre „Le Marron" folgte „Rino Casati" in Köln. Bei dem Grandseigneur der italienischen Küche in Deutschland, dem damals einzigen Italiener hier mit Michelin-Stern, lernte Kolja Kleeberg, wie man als Koch auch Gastgeber sein kann und muss. Etwas, das den Stil des Restaurants Vau geprägt hat: Der Chef ist überall präsent, in der Küche und „draußen". Das geht natürlich nur mit einem hervorragenden Team, neun Köche gleichzeitig an einem guten Abend. Eine Einsicht, die Kolja Kleeberg seinem dritten großen Chef verdankt, dem Zwei-Sterne-Koch Edi Hitzbeger im Engadin, dessen Stellvertreter er war, bevor er 1993 nach Berlin kam.

Schon kurz nach der Eröffnung des eleganten Gourmetrestaurants Vau am Gendarmenmarkt wurde der mehrfache Berliner Meisterkoch selber Sternekoch. Das erste Mal schon in seinem ersten Jahr, seitdem bekommt er den Michelin-Stern immer wieder, dazu 17 Punkte im Gault Millau. Ausgezeichnet wird damit ein Küchenstil, den der Gourmet-Koch augenzwinkernd mit „Berlin Cuisine" umschreibt, und der ein wenig von allem hat: Deutsches, Italienisches, Französisches, Mediterranes. Bunt und vielfältig will er sein, eben ein Spiegelbild von Berlin.

Schlicht und bescheiden sollen sich Kleebergs Kreationen präsentieren, aber auch großartig, indem sie die Natur in all ihren Facetten auf den Teller bringen. Was die Natur gleichzeitig hervorbringt, wird kombiniert, etwa Steinpilze mit Pfirsichen. Die Stammgäste goutieren das ungewöhnliche Angebot ebenso wie Stadttouristen, Politiker und eine aufgelockerte Berliner Szene von Menschen, die gerne gut essen gehen. Und der SAT-1-Fernsehkoch gibt dafür alles: sein ganzes Können, sein Herzblut – und seine Zeit. Die Schattenseite an seinem Beruf, findet er, ist „dass er beim Aufstehen beginnt und beim Zubettgehen endet". ... aber genau das sei auch das Schöne.

# Pochierter Wildlachs mit gegrillter Avocado, Limonenmarmelade und Limonenbooster

***Zutaten:***
*100 ml Wasser, 8 g Mondamin, 100 ml Limonensaft, 300 g Joghurt , Zucker nach Geschmack*

***Zubereitung:***
Mondamin mit etwas Wasser anrühren, restliches Wasser aufkochen und mit der Stärke abbinden. Abkühlen lassen, Limonensaft, Joghurt, Zucker unterrühren und in einen Sahnesiphon füllen. 2 Patronen einfüllen und ruhen lassen.

*Zesten von 3 Limonen, Saft von 10 Limonen, 5 TL Zucker, 1 Tl Glucose*

Für die Limonenmarmelade die Zesten zweimal blanchieren, den Saft mit dem Zucker und der Glucose sirupartig reduzieren, blanchierte Zesten zugeben. Abkühlen lassen.

*100 g Toastbrot, 1 EL geröstete Korianderkörner, Zesten von 3 Limonen, 1/2 Knoblauchzehe, weißer Pfeffer aus der Mühle, 2 EL Blattpetersilie, 2 EL Koriandergrün*

Toastbrot entrinden und in der Moulinette mit Korianderkörnern, Limonenzesten, Knoblauch, Pfeffer, Salz, Petersilie, Koriandergrün fein mixen.

*400 g Wildlachsfilet ohne Haut und Gräten, 200 ml Fischfond, 50 ml trockener Riesling, grobes Meersalz, schwarzer Pfeffer aus der Mühle*

Wildlachsfilet sauber parieren, d.h. auch den Tran wegschneiden und in 4 Scheiben schneiden. Die einzelnen Scheiben einschneiden, ohne durchzuschneiden, und schmetterlingsartig aufklappen. Den Riesling in einer flachen Pfanne einkochen, den Fischfond zugeben, etwas abkühlen lassen, die Lachstranchen einlegen und bei 60 °C im Ofen oder im Rechaud 15-20 Minuten garziehen lassen.

*1 reife Avocado, etwas kaltgepresstes Olivenöl*

Die Avocado schälen, sechsteln, grillen, mit Olivenöl beträufeln, mit Meersalz und grobem, schwarzem Pfeffer bestreuen.

***Tipp:***
*Anstatt Wildlachs können Sie auch Saibling verwenden.*

*Weintipp:*
2003 Riesling Leckerberg „S“, Stefan Winter, Dittelsheim, Rheinhessen

Vierseithof****
Hotel, Restaurant & Weberstube

# DIETER KOBUSCH

gibt sich viel Mühe, auch Skater und Radfahrer glücklich zu machen – kulinarisch gesehen. Denn seit Europas längster Skater-Rundkurs, die „Fläming-Skate“ 2002 eröffnet wurde, bietet sich der Vierseithof in Luckenwalde mit seiner ausgefallenen Küche auch als Ausgangs- und Endstation für anspruchsvolle Freizeitsportler an, die den hier beginnenden Rundweg auf Rädern oder Rollen befahren wollen.

Es war auf einer Bewerbungstour rund um Berlin, als der Bielefelder Jungkoch 1997, gleich nach seiner Meisterprüfung, auch nach Luckenwalde kam und sich sofort in den preußischen Barockbau verliebte, den sich 1782 ein Tuchfabrikant als Herrenhaus gebaut hatte. Nach gründlicher Sanierung sollte hier ein Vier-Sterne-Hotel mit Gourmet-Restaurant eröffnet werden. Dieter Kobusch übernahm gern die Rolle des Küchenchefs. Da hatte der Absolvent der Höheren Handelsschule schon Küchen kreuz und quer in Deutschland und der Schweiz durchprobiert. Von der Lehre im ersten Bielefelder Haus, dem Restaurant Waterbör, dem Offizierscasino der Bundeswehr in Hamburg und einer großen Hotelküche in Stuttgart („Stuttgart International“) über das vornehme Landhaus Dill an der Hamburger Elbchaussee, die kalte Küche im sterngeschmückten Colombihotel in Freiburg, das Schlosshotel in Eschwege und drei Saisons in St. Moritz und am Vierwaldstätter See – Dieter Kobusch hat alles gemacht: Patisserie, Entremetier, Saucier, Einkauf und Organisation, zwölf Stunden am Tag, teilweise sieben Tage die Woche.

Entwickelt hat sich aus all diesen Erfahrungen eine leichte, aber klassische Küche, die sich streng nach den Jahreszeiten richtet. Dabei legt der Meister aus Westfalen Wert auf ein wenig Raffinesse und viel Kreativität. Einheimische und ausländische Produkte werden in der hauseigenen Weberstube in einfacher Verarbeitung angeboten, im Gourmet-Restaurant aber noch weiter veredelt. So kann Spargel auch mal gebraten, als Carpaccio oder Mousse daherkommen und Kaninchenrücken gefüllt werden. Hauptsache, der Kochkünstler kann seine Gäste noch überraschen, zum Beispiel mit Gemüsegarnituren oder raffinierten Soßen, die so nicht auf der Karte stehen.

Besonders gern denkt sich der Vater von zwei kleinen Kindern spezielle Arrangements aus, um Gäste mit gutem Geschmack aus Berlin in den Fläming zwischen Kloster Zinna und Jüterbog zu locken. Neben dem Rundum-Paket für Radler und Skater gibt es da das Duett für Verliebte und, für Neugierige, das selbstgekochte Vier-Gänge-Menü, unter Anleitung des Chefs, mit abschließendem Zertifikat zur Krönung des Genusses.

# *Kürbiskernparfait mit herbstlichen Früchteragout Schokoladenravioli und Topfenschaum auf Rüblibisquit*

***Zutaten:***

***Für das Kürbiskernparfait:***
*100 g Kürbiskerne, 100 g Zucker, 3 Eigelb, 60 g Puderzucker, 25 ml steirisches Kürbiskernöl, 2 EL Cointreau, 3 Blatt Gelatine, 400 ml Sahne, 100 g Rohrzucker*

***Für das herbstliche Früchteragout:***
*5 Zwetschgen, 1 Granny Smith Apfel, 1 Williams Christ Birne, 1 Vanilleschote, 100 g Zucker, 1 Sternanis, 2 Nelken, 1/2 Zimtstange, 50 ml Weißwein, 50 ml Apfelsaft, Mondamin, Williams Christ Birnenbrand*

***Für die Schokoladenravioli:***
*75 g Mehl, 20 g Gries, 5 g Kakao, 2 Eier, 1/2 TL Zucker, 1/2 TL Orangenöl*

***Für die Füllung:***
*50 g gemahlene Haselnüsse, 10 g Butter, 10 g Honig, 10 g Zucker, 1 TL Creme fraiche, Schale von 1/2 Zitrone*

***Für den Topfenschaum:***
*100 g Quark, 150 ml geschlagene Sahne, 1 Vanilleschote, 1 geschlagenes Eiweiß, 50 g Zucker, 1 Schale Zitrone, 1 Saft Zitrone, 1 El Cointreau*

***Für das Rüblibisquit:***
*45 g Möhren, 1/2 Tl Zitronensaft, 1 Eigelb, 20 g Zucker, 50 g Mehl*

***Zubereitung:***
In einer Pfanne den Zucker hellbraun schmelzen und die Kürbiskerne zugeben. Die Masse zum abkühlen auf ein geöltes Backblech geben und anschließend feinhacken. Eigelb und Puderzucker warm aufschlagen. Den Cointreau erwärmen und darin die eingeweichte Gelatine auflösen. Zusammen mit dem Kürbiskrokant unter die Eigelbmasse heben und abkühlen lassen. Die Sahne halb steif schlagen und unter die Masse heben. Dann die Masse in Förmchen füllen und einfrieren.
Vor dem Servieren mit feinem Rohrzucker bestreuen und mit einem Bunsenbrenner karamellisieren.

Zwetschgen, Apfel und Birne in kleine Würfel schneiden. Den Zucker karamellisieren und mit Weißwein und Apfelsaft ablöschen. Gewürze zugeben und etwas einkochen lassen und mit Mondamin leicht binden. Die Früchte in den heißen Fond ziehen lassen und mit dem Birnenbrand abschmecken.

*Schokoladenravioli:*
Für die Ravioli alle Zutaten zu einem glatten Nudelteig verarbeiten und eine Stunde im Kühlschrank ruhen lassen. Den Teig dünn ausrollen und kleine Ravioli herstellen. Diese dann in Wasser mit etwas Zucker kochen und anschließend in Butter schwenken.

*Topfenschaum:*
Quark mit dem Zucker, Vanillemark, Cointreau, Saft und geriebene Schale von der Zitrone verrühren. Geschlagenes Eiweiß und Sahne zugeben und die Masse in ein Tuch zum Abtropfen geben. Dann mit einem Löffel Nocken abstechen.

*Rüblibisquit:*
Möhren schälen und reiben, mit Zitronensaft beträufeln. Eigelb, Zucker, Salz und Zitronenschale schaumig schlagen. Eiweiß steif schlagen und Zucker einrieseln lassen. Alle Zutaten vorsichtig unter die Eigelbcreme heben. Teig in gefettete und bemehlte Form geben und bei 180 °C ca. 8 Minuten backen, abkühlen lassen. Dann zu Rauten schneiden.

# THOMAS KELLERMANN

wollte, obwohl familiär vorbelastet, eigentlich gar nicht Koch werden. Zwar hat er schon früh in den Ferien immer mal wieder im Restaurant der Eltern im bayrischen Weilheim ausgeholfen, aber als nach der Schule die Berufswahl anstand, hätte er sich auch gut eine sportliche Karriere vorstellen können.

Es wurde dann doch die Gastronomie. Ins Hotelmanagement wollte Thomas Kellermann, sich die Welt anschauen. Den Grundstein sollte die Kochlehre legen. Doch der ehrgeizige junge Küchenchef im Münchner „Holiday Inn" brachte dem jungen Kellermann nicht nur alles bei, was ein guter Koch können und wissen muss, er weckte in ihm auch die Liebe zur Küchenkunst. Und bei der nächsten Station, dem Hotel Erbprinz in Ettlingen, war schon klar: Es würde beim Kochen bleiben.

Im Wald- und Schlosshotel Friedrichsruhe bei Heilbronn nahm ihn anschließend der Zwei-Sterne-Küchenchef Lothar Eiermann in seine harte Schule, dann war er reif für Eckart Witzigmann. Nur Pech, dass die „Aubergine" in München schließen musste. Aber es gab ja noch das „Tantris" mit seinen zwei Michelin-Sternen. Und eine sanfte, aber hartnäckige, nicht abzuweisende Bewerbung brachte den zielstrebigen jungen Gourmet-Koch schließlich dort hinein. Sechs Jahre blieb er, wurde Sous-Chef, machte seinen Meister. Das Landhaus Nösse auf Sylt lockte mit der ersten Stelle als Küchenchef, aber schon nach einem Jahr zog es den Bayer nach Berlin, ins Restaurant Portalis am Gendarmenmarkt.

Im November 2003, noch vor der Eröffnung, sicherte sich das „Ritz Carlton" am Potsdamer Platz die Dienste des Berliner Meisterkochs 2002, um seine Gastronomie aufzubauen. Und mit dem venezianischen Gourmet-Restaurant „Vitrum" will sich Thomas Kellermann nun den ersten Michelin-Stern erkochen. Der Weg dorthin: eine einfache, saisonale Küche mit vielen Kräutern, viel Fisch und viel Gemüse im Vordergrund; nur drei Aromen auf dem Teller, diese aber intensiv im Geschmack. Und als Besonderheit hat er das Menü „Approccio" ersonnen: Zwischen die fünf Gänge des Menüs wird jeweils ein winziger Verbindungsgang geschoben, der die Aromen des vorherigen aufnimmt und zu dem kommenden hinleitet.

Das Ziel ist gesteckt, der Hotelpalast am Potsdamer Platz erwartet Sternenschmuck von seinem Meisterkoch. Und der ist es als gut trainierter Marathonläufer gewohnt, sein Ziel zu erreichen.

# Mit Gewürzen gebratener Thunfisch auf Lauchrisotto und Traubensauce

***Zutaten:***

***Für das Risotto / Typ: Vialone Nano Veneto***
*1 Person ca. 50 g Risotto,*
*1/2 Schalotte feingeschnitten,*
*1/4 Knoblauchzehe feingeschnitten,*
*etwas trockener Weißwein,*
*Parmesan feingerieben, Butter*

***Zubereitung:***
Den Risotto mit den Schalottenwürfeln und Knoblauch farblos anschwitzen, mit Weißwein ablöschen und mit Gemüse oder Geflügelfond aufgießen, so dass der Risotto gut bedeckt ist. Ca. 8-10 min. köcheln lassen und gegebenenfalls etwas Fond dazugeben. Zum Schluß die Lauchpaste dazu und mit Butterflocken, Parmesan, Salz, weißem Pfeffer und Muskat abschmecken. Der Risotto sollte von der Konsistenz cremig sein.

*Lauchpaste:*
Frühlingslauch waschen und putzen und nur das Grüne verwenden. Die grünen Lauchstengel klein schneiden und im gesalzenem Wasser blanchieren und abschrecken. Die Lauchstengel mit Hilfe eines Tuches pressen, so das sie sehr trocken sind. Nun mit handwarmer Butter mit einer Moulinette pürieren. Mit Salz, Muskat und Pfeffer abschmecken.

*Traubensauce:*
Rote Trauben (die Trauben sollten nicht zu süß schmecken) von der Rispe befreien. Dann in eine Metallschüssel geben, mit Klarsichtfolie luftdicht abdecken und ca. 24 Std. bei 60-70 °C stehen lassen. Nach 24 Std. bildet sich ein Saft, diesen abgießen, zum Anrichten etwas Butter dazugeben und gegebenenfalls einreduzieren lassen. Zum Schluß mit einem nicht zu trockenen Rotwein mit etwas scharfem Abgang abschmecken. Ein Valpolicella, z. B. ein 1999er La Grola von Allegrini, den sollte man dazu trinken.

*Thunfisch:*
Den Thunfisch in eine Rolle schneiden, mit zerstoßenem Koriander, Piment, Wachholder, schwarzem Pfeffer und Kümmel würzen, salzen, leicht von allen Seiten anbraten und bei 80 °C ca. 15 min. im Ofen garen. Aufschneiden und mit etwas Fleur de Sel bestreuen.

# JOSEF EDER

wurde als Koch von zwölf Jahren Auslandsaufenthalten geprägt. Und er selbst hat in dieser Zeit die Küchenphilosophie der Hyatt-Hotels rund um den Globus grundlegend mitgeprägt. Denn kaum hatte der gebürtige Münchner seine Lehr- und Wanderjahre in Bayern, in Bad Godesberg, Österreich und der Schweiz durchlaufen und die Meisterprüfung abgelegt, begann er 1988 im Kölner Haus der Hyatt-Kette als Küchenchef seine weltweite Karriere aufzubauen.

Der Meister aus Bayern war dabei, wenn ein neues Haus eröffnet wurde – sei es in Australien, Singapur, Hongkong, Tokyo oder Buenos Aires. Er hat alles, was fremd war, in sich aufgesaugt: die Esskultur der Menschen, Sprachen und Mentalitäten, die Eigenheiten der Länderküchen und einzelne Geschmackskomponenten. Und er hat gelernt, seine Küche dem Designstil der Hotelkette anzupassen: klar, schlicht und nobel. Nicht 25 Geschmacksrichtungen auf einmal will er kreieren, sondern zwei bis drei Komponenten finden, die perfekt harmonieren und dabei immer das Grundprodukt erkennen lassen. Ein gastronomisches Prinzip, das er als regionaler Küchendirektor auch den übrigen drei Hyatt-Hotels in Deutschland verordnet hat.

Josef Eder liebt es, mit Desserts zu spielen. Und, als Gegensatz dazu, zaubert er gern mit Frischfisch für die gesundheitsbewusste Küche. Als Küchendirektor ist der Bayer in Berlin für die drei Hyatt- Restaurants am Marlene-Dietrich-Platz und die Bankettetage zuständig. Und er legt Wert darauf, dass seine 53 Köche in allen Bereichen den gleichen Standard sicherstellen. Auf zwei Küchenchefs – Andreas Bärenklau im Gourmet-Restaurant „Vox" und Volker Mührer bei den Banketten – kann er sich dabei blind verlassen. In der Show-Küche des „Vox" lassen sich die Köche auch gerne in die Töpfe schauen und führen ihre Kunst täglich live, quasi auf offener Bühne, vor.

Aus Südafrika, wo Josef Eder 1995 als Küchen- und Wirtschaftschef das „Park Hyatt Johannesburg" mit eröffnete und wo er als kulinarischer Berater der Kochnationalmannschaft fungierte, hat er sich 1998 seine Frau mitgebracht. Mit ihr und drei Kindern lebt er im Grüngürtel westlich von Berlin, mit Garten und, ganz wichtig, einem großen Kräuterbeet. Damit seine Frau sonntags das saftige Huhn im Römertopf, das er so mag, mit reichlich frischen Gartenkräutern schmoren kann...

# Angebratener Thunfisch auf Ponzuzwiebeln und Yuzu

(4 Personen)

***Zutaten:***

***Für die Ponzuzwiebeln:***
*2 rote Zwiebeln, geschält und in Streifen geschnitten,*
*40 ml Soya-Sauce, 40 ml Sake (Reiswein), 20 g Zucker,*
*8 g frischer Ingwer, geschält und klein gehackt;*
*1 Knoblauchzehe, fein gehackt,*
*1/2 Chilischote ohne Samenkörner, fein geschnitten;*

***Für die Yuzu Marinade:***
*10 ml Traubenkernöl, 10 ml Soyasauce,*
*10 ml Yozusaft (chinesische Zitronenart),*
*10 ml Sesamöl, 1 Knoblauchzehe, fein gehackt;*

***Restliche Zutaten:***
*400 g Thunfisch, 100 g Friseesalat, 1 Salatgurke,*
*80 g Minzunasalat (japanischer Rukkola),*
*1 Schale Shisokresse,*
*1 Blatt von einem Päckchen Frühlingsrollenteig,*
*1 EL Sesamkerne weiß, 1 EL Sesamkerne schwarz,*
*1 Eigelb, Seesalz grobkörnig (süß)*

***Zubereitung:***
*Ponzu Zwiebeln:*
Knoblauch und Chili in einer Pfanne anziehen, Zwiebeln hinzufügen. Danach den Rest der Zutaten dazugeben, 20 bis 25 Minuten köcheln lassen und kalt stellen.

*Yuzu Marinade:*
Alle Zutaten miteinander vermengen und mit frischem Zitronensaft abschmecken.

*Thunfisch:*
Den Thunfisch mit süßem Meersalz würzen und bei großer Hitze in der Pfanne auf allen Seiten kurz und scharf anbraten.
Die Frühlingsrollen-Teigblätter in Dreiecke schneiden, mit Eigelb bestreichen, mit Sesamkörnern bestreuen und bei 180 °C über einem gewölbten Gefäß ca. 3 Minuten backen.
Die Salatgurke der Länge nach in ca. 2 mm dicke Scheiben schneiden und die Enden je nach Größe des Tellers abschneiden. Die Salatgurke in die Mitte des Tellers platzieren, daran je zwei gehäufte Esslöffel Ponzuzwiebeln anlegen und darauf die ca. 1,5 cm dicken Thunfischscheiben anrichten. Dazwischen den Frisee- und Minzunasalat plazieren.
Alles leicht mit der Yuzu Marinade beträufeln und mit Shisokresse und Sesamsegel garnieren.

Vollendung der Teetradition

King's Teagarden

Teegenuß- die moderne Lebensphilosophie

teeOlogie®

# *König Kunde, was ich Dir immer schon sagen wollte...*

*Du hast einen Anspruch auf frischen Tee. Du solltest unter einem ausgewogenen Teesortiment wählen können. Die Teepreise sollten preiswert und nicht billig sein (siehe Definition von John Ruskin). Die Teemengen müssen den Verbrauchsgewohnheiten entsprechen, viel Tee im Anbruch, viel Verlust auf der Aufbrauchstrecke. Grüntee, Schwarztee, Oolong (zwischen grün und schwarz), weißer Tee, aromatisierter Tee, alles Blätter von der Teepflanze Thea sinensis, Thea assamica oder Assam-Hybriden, werden ausschließlich hier verkauft. Kein Roibush, kein Mate, kein Lapacho, kein Früchtetee, kein Kräutertee, kein Instanttee. Eine Teeauswahl von 300 und mehr Möglichkeiten, alle vom Teebaum (-strauch) sind ein unglaubliches Programm, eine Herausforderung, eine Auswahl, die ihresgleichen sucht. Wenn diese Tees auch noch durch die Verbundfolienverpackung, the flexible tin, perfekt geschützt und damit topfrisch bis zu Ihrem Gebrauch sind, fehlt zum Hochgenuß nahezu nichts mehr.*

*Oh, ja, das Know how der idealen Genußmittelzubereitung, die 10 goldenen Regeln, das Genießerteemachen im Handumdrehen und ohne Brimborium! Willst du dich weiter in das Thema vertiefen, mein Teewarenkundebuch >TEA< ist die passende Lektüre, das Inhaltsverzeichnis und einige Textproben sowie vieles mehr zum Thema findest Du unter: www.kingsteagarden.de oder www.10teas.de.*

*King's Teagarden*
*Teefachgeschäft - Tearoom*
*Kurfürstendamm 217 - 10719 Berlin*
*Tel.: 030 / 8 83 70 59*
*Fax: 030 / 3 22 31 92*
*E-Mail: info@kingsteagarden.de*

Wir steuern Ihr Vermögen
auch durch unruhige
Gewässer.